¿CUÁL ES EL MENSAJE
del
LIBRO DE MORMÓN?

Una guía cristiana y breve al
libro sagrado de los mormones

ROSS ANDERSON

La misión de Editorial Vida es ser la compañía líder en comunicación cristiana que satisfaga las necesidades de las personas, con recursos cuyo contenido glorifique a Jesucristo y promueva principios bíblicos.

¿CUÁL ES EL MENSAJE DEL LIBRO DE MORMÓN?
Edición en español publicada por
Editorial Vida – 2010
Miami, Florida

Traducción y edición: *Words for the Words, Inc*
Diseño interior: *Base creativa*
Diseño cubierta: *Leo Pecina*

ISBN: 978-0-8297-5728-6

CATEGORÍA: Religión comparativa

IMPRESO EN ESTADOS UNIDOS DE AMÉRICA
PRINTED IN THE UNITED STATES OF AMERICA

10 11 12 13 ❖ 6 5 4 3 2 1

CONTENIDO

PREFACIO

Este libro ha sido escrito tanto para explicar como para evaluar el Libro de Mormón desde la perspectiva de la fe cristiana histórica. Mi intención es interactuar con el mormonismo en un espíritu amable y de civilidad. Por lo tanto, sometí los capítulos más controversiales a algunos fieles Santos de los Últimos Días para que los criticaran, y ellos, junto con otras personas, me ayudaron a evitar palabras que podrían parecer despectivas o beligerantes. Mi intención es mostrar las perspectivas de este grupo con exactitud y justicia y presentar al mormonismo tal como se lo cree y practica al presente. Además de mi propia experiencia, por haber crecido como mormón y haber liderado una iglesia en Utah durante muchos años, también tengo a mi favor el haber leído tanto literatura popular como erudita procedente de los Santos de los Últimos Días. Otra vez lo menciono, mis lectores mormones me han provisto una invalorable retroalimentación que me ha ayudado para presentar sus perspectivas correctamente.

Algunos lectores evangélicos pueden decepcionarse a causa de que el libro no haya resultado más contundente. En tanto que expongo buenas razones para rechazar las afirmaciones de los mormones con respecto al Libro de Mormón, mi propósito no es anotarme un triunfo a través de una batalla verbal. Espero poder proporcionar una comprensión del tema, pero también ser un ejemplo en lo que hace a interactuar con otros hablando la verdad en amor, con amabilidad y respeto. Irónicamente, a pesar de mis esfuerzos por mostrarme justo y amable, los Santos de los Últimos Días probablemente consideren este libro como «contrario a los mormones» simplemente porque no estoy de acuerdo con ellos.

El libro necesariamente tuvo que ser limitado en su profundidad. Se podría escribir mucho más para explicar y apoyar tanto los puntos de vista de los Santos de los Últimos Días como los de los cristianos. Sin embargo, por tratarse de una introducción, su propósito no es desarrollar cada punto o cubrir cada tema con el que tenga relación. Así que proveo amplias notas al pie para establecer la credibilidad de mi posición y al mismo tiempo dirigir a los lectores interesados a fuentes que analicen las cuestiones en mayor detalle.

En tanto que la Iglesia de Jesucristo de los Santos de los Últimos Días es conocida popularmente como la Iglesia Mormona, los Santos de los Últimos Días prefieren su nombre oficial. Eso resulta pesado y torpe tanto para el escritor como para los lectores. La abreviatura preferida por esta iglesia es «La iglesia de Jesucristo». Sin embargo, según entiendo, eso implica un status exclusivo que no puedo admitir. Como alternativa, me referiré a ellos nombrándolos «la Iglesia de los Santos de los Últimos Días» la mayoría de las veces. En ocasiones utilizaré el término «mormón» y las siglas «SUD» como adjetivo para hacer referencia a la iglesia y a los elementos de la cultura que ella crea. También usaré la palabra «mormón» como sustantivo para referirme a las personas. Algunos de los Santos de los Últimos Días consideran que este término promueve estereotipos negativos sobre ellos. Mi motivación no es etiquetar ni marginalizar a los Santos de los Últimos Días sino simplemente proporcionar algunas variaciones de estilo. Y lo que es más, la utilización que hace de este término la Iglesia de los SUD en sí misma apoya la validez de mi decisión.

Lo normal es que los versículos bíblicos estén tomados de la Nueva Versión Internacional. Cuando se cita la Biblia desde la perspectiva de los mormones, utilizo la Reina Valera (aunque la versión oficial de la Iglesia de los SUD es la King James, en inglés), a fin de ayudar al lector a entender la perspectiva de los Santos de los Últimos Días.

Estoy profundamente agradecido a los miembros de mi familia y a los amigos que han hecho aportes, en especial a aquellos que se tomaron el tiempo de hacer críticas al manuscrito, y a mi familia espiritual de Wasatch Evangelical Free Church por su paciencia y gentil apoyo. También estoy agradecido al excelente equipo de Zondervan por su ayuda. Aunque he recibido muchas valiosas sugerencias de amigos confiables, solo yo soy responsable por los defectos del libro.

1

LA BIBLIA DE ORO

¿Qué es el Libro de Mormón?

Cuando era adolescente no me resultaba fácil levantarme a las 6 de la mañana para comenzar el día escolar. Nunca he sido una persona «tempranera», pero todos los días al amanecer, antes de dirigirme a mi primera clase en la escuela secundaria Tustin, iba a la capilla de la Iglesia de Jesucristo de los Santos de los Últimos Días para asistir a una clase sobre el Libro de Mormón. Durante cuatro años, a través de esos estudios de la mañana temprano, aprendimos además sobre otros tópicos.

Crecí en un hogar muy activo de los Santos de los Últimos Días, y el Libro de Mormón ocupaba un lugar de preeminencia en la vida de mi familia. Admirábamos a sus héroes y citábamos sus pasajes más inspiradores. Sus historias y principios constituían un modelo para nuestras acciones. Y por sobre todo, el Libro de Mormón confirmaba todo lo que creíamos. Estábamos convencidos de que José Smith lo había recibido de Dios y lo había traducido a través de un poder divino. Así que para mi familia (como para los Santos de los Últimos Días de hoy) la misma existencia del Libro de Mormón demostraba que Smith era el profeta de Dios para nuestro tiempo y que la iglesia que él había fundado era verdadera.

El mormonismo en la mira

Desde aquellos años de mi adolescencia, ha crecido la influencia del mormonismo en los Estados Unidos. Mucha gente ha tenido ocasión de ver a los pulcros misioneros mormones desplazarse en sus bicicletas por las calles. Algunos comerciales de la televisión destacan las virtudes de la vida familiar de los mormones. En Internet, de repente aparecen avisos de ellos prometiendo responder nuestras preguntas más profundas acerca de la vida. La revista *Newsweek* presentó una historia de tapa sobre «Los mormones» justo antes de los Juegos Olímpicos de Invierno de 2002, en la que destacaba la ciudad de Salt Lake City, sede central de los mormones. El presidente de la Iglesia de los Santos de los Últimos Días, Gordon B. Hinckley, fue entrevistado tanto por la revista *Time* como en el programa televisivo *Larry King Live*.

El mormonismo aparece frecuentemente en la pantalla de radar de la cultura popular a través de figuras del entretenimiento, gente que pertenece al salón de la fama, como el futbolista Steve Young, el trío de música country SheDaisy, la legendaria estrella de Rhythm & Blues Gladys Knight, y el actor cómico Jon Heder. De igual manera los Santos de los Últimos Días están dejando su marca en los niveles más altos del gobierno, desde Harry Reid, de Nevada, líder de la mayoría en el Senado, hasta Michael Leavitt, Secretario de Salud y de Servicios Humanos. Por supuesto, nada ha concitado más atención en los Estados Unidos en lo referido al mormonismo que la campaña presidencial de Mitt Romney en 2008.

Pero a pesar de ese perfil expansivo, abundan los mitos e ideas erróneas sobre el mormonismo. En público, los voceros de los Santos de los Últimos días minimizan las doctrinas distintivas de su iglesia. Los escritores cristianos con frecuencia reciclan descripciones arcaicas e inadecuadas de las creencias de los mormones. Los medios populares se enfocan en los estereotipos de la poligamia o en las rarezas más perceptibles de la cultura de los SUD. Por lo tanto, la historia y el mensaje del Libro de Mormón permanecen desconocidos para la mayoría de los norteamericanos, a pesar de su condición de escrituras centrales de esta confesión de fe en expansión, y de ser una poderosa fuerza definitoria en la vida de los mormones. En el año 2001 se encontraba el Libro de Mormón en noventa y nueve diferentes idiomas. Y es el segundo libro religioso en amplitud de distribución en los Estados Unidos, solo detrás de la Biblia. Ya se han impreso más de 100 millones de copias, y se agregan a esto más de quince mil copias por día.[1] Sin embargo, aun los cristianos más informados saben muy poco con respecto al Libro de Mormón.

Las asombrosas afirmaciones del Libro de Mormón

Los Santos de los Últimos Días hacen algunas aseveraciones notables con respecto a sus escrituras fundacionales. Según la Iglesia de los Santos de los Últimos Días, el Libro de Mormón constituye «una colección de escritos y enseñanzas de los antiguos profetas y de los seguidores de Jesucristo que vivieron en las Américas desde aproximadamente el año 590 a.C. hasta el año 421 d.C. El profeta José Smith tradujo el Libro de Mormón por inspiración divina, tomándolo de unas placas de oro que recibió del ángel Moroni».[2]

José Smith estudia las placas de oro.

© Institute for Religious Research

Por empezar, se presenta al Libro de Mormón como un antiguo informe de los habitantes de América, gente a la que se considera como descendientes de Israel y como «los principales antepasados de los indios americanos».[3] El Libro de Mormón declara ser un compendio o recopilación de los registros grabados en placas de oro y enterrados en el suelo para la posteridad. Por lo tanto, para los Santos de los Últimos Días el libro no solo cuenta una historia que promueve la fe; tampoco se trata de una simple cronología. Es una historia espiritual comparable a la Biblia: la historia del pueblo de Dios en las Américas, su respuesta a los profetas de Dios, y sus ciclos de maldad y arrepentimiento. Como historia espiritual, el argumento que el Libro de Mormón destaca es la aparición del mismo Jesucristo en Norteamérica.

El Libro de Mormón hace otra afirmación más: que las placas de oro que contenían esos antiguos registros «le fueron entregadas a José Smith, quien las tradujo por el don y el poder de Dios».[4] Se decía que las placas estaban grabadas en una escritura denominada «egipcio reformado».[5] En un sentido estricto, Smith no tradujo esos caracteres grabados en las tablas. Más bien, lo que creen los mormones es que Dios le mostró a través de medios sobrenaturales lo que aquellas palabras arcaicas significaban en inglés. Entonces Smith le dictó su «traducción» a un escriba. Completado el trabajo en apenas unos pocos meses, el Libro de Mormón se publicó en 1830 en Palmyra, Nueva York.

En los primeros años del mormonismo fue conocido, tanto por sus defensores como por sus detractores, como la «Biblia de Oro». En verdad, su utilización del lenguaje tiene reminiscencias de la Biblia, y hace un uso extenso de ella. Pero su título refleja una afirmación fundamental: el Libro de Mormón, al igual que la Biblia, es la palabra de Dios.

«Una obra maravillosa y algo asombroso»

Otra aseveración con respecto al Libro de Mormón tiene que ver con el enorme significado que se le asigna dentro del plan de Dios. La aparición del Libro de Mormón es vista por los Santos de los Últimos

Días como una gran obra de Dios al introducir la era final de la historia. El mormonismo enseña que la iglesia original fundada por Jesús cayó en la apostasía. Se perdieron las verdades fundamentales o se las confundió. La organización y la línea de autoridad establecidas por Jesús se perdieron. Como resultado, Dios eligió a José Smith como profeta para que restaurara el cristianismo original. La aparición del Libro de Mormón sirvió como un heraldo de esa restauración y del próximo regreso de Cristo a la tierra. Por ejemplo, cuando Dios predijo: «Por eso, miren, procederé a realizar una obra maravillosa en medio de este pueblo, aun una obra maravillosa y algo que asombrará» (Isaías 29:14, traducción directa de la versión inglesa King James), los Santos de los Últimos Días entendieron que lo que estaba en la mira era el Libro de Mormón.

De lo cual se sigue que las afirmaciones del Libro de Mormón están entrelazadas con las afirmaciones que se hacen sobre José Smith. La introducción del libro asevera que «aquellos que logren tener el testimonio de su veracidad y divinidad» también alcanzarán el conocimiento que viene de Dios acerca de que «José Smith es aquel que lo revela y su profeta en estos últimos días, y que La Iglesia de Jesucristo de los Santos de los Últimos Días constituye el reino de Dios establecido de nuevo sobre la tierra».[6] Por lo tanto, el Libro de Mormón funciona como un signo que valida a Smith y su obra. Si el Libro de Mormón es verdadero, entonces Smith es el profeta designado por Dios y la iglesia que él fundó constituye el único agente verdadero del reino de Dios. De hecho, la estrategia de los Santos de los Últimos Días para ganar convertidos es instar a la gente a leer el Libro de Mormón y orar para recibir una revelación personal de parte de Dios. Ese sentimiento interno positivo en la persona constituye «el testimonio de su verdad y divinidad». Para ese individuo, la experiencia autentica el origen divino del Libro de Mormón y todo lo que ese libro representa.

José Smith

José Smith ciertamente reclamó un *status* eminente para el Libro de Mormón. En su diario una vez escribió: «Les dije a los hermanos que el Libro de Mormón era el más correcto de todos los libros sobre la tierra, y la piedra fundamental de nuestra religión, y que un hombre se iría acercando mucho más a Dios al cumplir sus preceptos que a través de cualquier otro libro.»[7] En los relatos de Smith acerca de cómo recibió el Libro de Mormón, él afirma que un ángel se le apareció una noche.

Dijo que había un libro, escrito sobre placas de oro, que hacía un relato referido a los antiguos habitantes de este continente, y acerca de la fuente de la que habían procedido. También dijo que la plenitud del evangelio eterno estaba contenido en él, tal como había sido entregado por el Salvador a los antiguos habitantes.[8]

A los de afuera les resulta extravagante aseverar que ese libro sea el más exacto y verdadero sobre la tierra, que esté por encima de todos los demás en valor espiritual, o que contenga «la plenitud del evangelio eterno». Declaraciones como esas explican por qué se han polarizado tanto las opiniones con respecto al Libro de Mormón. El libro mismo no da lugar a actitudes intermedias.

Un libro controversial

Desde los años de mi adolescencia he cambiado mi opinión sobre el Libro de Mormón. Como adulto descubrí un amplio espectro de perspectivas con respecto a ese libro tan particular. Cuando fue publicado por primera vez, los periódicos instalados en las cercanías de la casa de José Smith lo tacharon de ser una despreciable superstición. Otros consideraron al libro como producto de la imaginación religiosa de Smith. Quizá la crítica más famosa y colorida del Libro de Mormón es la que provino de Mark Twain, que lo llamó «cloroformo impreso».[9] En 1831, Alexander Campbell escribió una crítica al Libro de Mormón, negando cualquier origen inspirado: «Este profeta Smith, mirando a través de sus anteojos de piedra, escribió acerca de las placas de Nephi en su Libro de Mormón, e incluyó en él cada error y casi toda verdad que se ha estado debatiendo en Nueva York durante los últimos diez años».[10] Los críticos ven al Libro de Mormón como un fraude piadoso que reflexiona sobre la Norteamérica del siglo diecinueve más que sobre una civilización antigua; o tal vez como el resultado de alguna experiencia mística o sicológica.

No obstante, muchos de los lectores tempranos encontraban algo convincente en el Libro de Mormón. Parley P. Pratt escribió: «Mientras leía, el Espíritu del Señor estaba sobre mí, y yo supe y percibí que el libro era verdadero… Este descubrimiento ensanchó mi corazón, y llenó mi alma de gozo y alegría».[11] A los fieles de los Santos de los Últimos Días (tanto ahora como entonces) les parece imposible que un joven granjero rústico y semi analfabeto que vivió en la década de 1820 pudiera haber producido el Libro de Mormón sin contar con un poder divino. Para ellos, solo puede tratarse de escrituras antiguas auténticas de gran significado espiritual. Un líder mormón hace poco dio testimonio acerca de que «el Libro de Mormón es una de las mayores fuentes de poder espiritual dada a los hombres y mujeres sobre la tierra para que los guíen en la búsqueda de la vida eterna».[12]

¿Pueden estar equivocadas doce millones de personas?

Por creer que el Libro de Mormón proviene de Dios, millones de Santos de los Últimos Días leen el libro con diligencia. Lo usan para educar a sus hijos en los principios morales y espirituales. Buscan vivir sus ideales. Los eruditos mormones abogan vigorosamente a favor de la aceptación del Libro de Mormón como un escrito antiguo que está a la altura de la Biblia. La mayoría de los miles de personas que se convierten al mormonismo cada año declara haber pasado por una experiencia especial de revelación divina al leer el Libro de Mormón. Reciben un testimonio convincente de su veracidad y, por la tanto, de la veracidad de la Iglesia de los Santos de los Últimos Días. Como resultado de ello, el anterior presidente de la Iglesia de los Santos de los Últimos Días, Gordon B. Hinckley señaló: «No puedo entender por qué el mundo cristiano no acepta este libro».[13]

¿Cuál es la base para estas creencias y prácticas? ¿Por qué el cristianismo histórico y bíblico niega el origen divino del Libro de Mormón? Al comenzar a evaluar este libro excepcional y las declaraciones que se relacionan con él, empezaremos por echarle una mirada cuidadosa a la historia de fondo que narra el Libro de Mormón.

2

UN RELATO DE DOS CIVILIZACIONES

¿Sobre qué trata el Libro de Mormón?

Todos los veranos, durante siete noches, la ladera de una colina cercana a Palmyra, Nueva York, se transforma en un inmenso escenario al aire libre de diez niveles. Un elenco de más de 650 personas, vestidas con trajes exóticos y con un apoyo musical de alta tecnología y de iluminación, presenta una obra épica delante de sesenta mil espectadores. La interpretación desborda de acción y aventura en torno a héroes y villanos de dos civilizaciones rivales. Durante más de cincuenta años el festival Hill Cumorah Pageant ha avivado la imaginación de los Santos de los Últimos Días al volver a representar la historia registrada en el Libro de Mormón.

Los mormones creen que el Libro de Mormón describe las civilizaciones que habitaron en los Estados Unidos en tiempos antiguos. Ese gran relato cubre un lapso de más de mil años, junto con una historia secundaria que se remonta a varios siglos anteriores. Declarando ser un escrito antiguo, el Libro de Mormón constituye una colección de quince libros, cada uno denominado según el nombre de su autor original, divididos en capítulos y versículos. Entre los autores de esos libros se incluyen generales, profetas y reyes. Ellos escribieron sermones, relatos de batallas, poesías, narraciones de viajes, comentarios religiosos y políticos, y otras cosas. El cuidado de esos antiguos relatos (grabados en tablas de metal) generalmente pasaba de padres a hijos.

Según la línea del tiempo que señala el Libro de Mormón, alrededor del año 385 d.C., un profeta llamado Mormón realizó un compendio de esos extensos registros en un solo conjunto de placas de oro. Su hijo, Moroni, enterró las placas en una colina llamada Cumora con el fin de preservarlas para el futuro.

Lehi y su familia

La historia que aparece en el Libro de Mormón tuvo sus comienzos alrededor del año 600 a.C. en Jerusalén. Un profeta judío llamado Lehi tuvo una visión en la que se le advertía que la ciudad pronto sería destruida. Pero como la gente rechazó su mensaje de arrepentimiento, Lehi condujo a su familia y a algunas otras pocas personas al desierto. Los hijos mayores de Lehi, Lamán y Lemuel, no estaban dispuestos a abandonar la vida confortable de la familia y resistían a su padre. En contraste con ellos, el hijo más joven, Nefi, deseaba obedecer a Dios y se convirtió en el líder espiritual del grupo. En el desierto, Dios le dijo a Nefi que llevaría a su familia a una tierra prometida, «elegida por sobre toda otra tierra» (1 Nefi 2:20).

El grupo de Lehi pasó casi diez años vagando por el Desierto Arábigo, conducido por una brújula llamada la Liahona. Basándose en la fe y diligencia de aquel que la usara, la Liahona señalaba la dirección correcta en la que se debía viajar. En ocasiones aparecían palabras alrededor de sus bordes para proporcionar una guía con respecto a los caminos de Dios.

La Liahona

Por Steven Henry, comisionado por el autor.

A menudo surgían conflictos entre los hijos de Lehi durante la travesía. Por ejemplo, mientras viajaban hacia la tierra prometida, Lamán y Lemuel se rebelaron en contra de Nefi y lo amarraron. Como resultado, la Liahona dejó de funcionar. Al encontrarse en serio peligro a causa de una furiosa tormenta, e ignorando cómo gobernar el timón del barco, los hermanos cedieron. Nefi oró, la tormenta amainó y las familias pudieron concluir su travesía a salvo.

Cuando los viajeros llegaron a América, plantaron, cosecharon y criaron ganado. Pero debido a la animosidad de sus hermanos, Nefi y sus seguidores pronto se separaron de Lamán y Lemuel para recomenzar en una nueva región; allí la gente convirtió a Nefi en su rey.

Nefitas, Lamanitas y otros itas

Los dos clanes que surgieron a partir de la familia de Lehi se volvieron dos sociedades rivales cuyo desarrollo siguió caminos divergentes. El Libro de Mormón describe a los nefitas como industriosos. Ellos levantaron edificios, entre los que se incluía un templo que seguía el modelo de Jerusalén, y allí practicaron el judaísmo de sus padres. Desarrollaron la metalurgia y produjeron armas. Cultivaron diversos tipos de granos y frutas, y criaron ganado (vacas, cabras y caballos). Los nefitas al principio fueron gobernados por reyes y luego por jueces, a los que se elegía. Continuaron siendo alfabetizados y llevando registros escritos. El Libro de Mormón ha sido narrado mayormente desde una perspectiva nefita, ya que declara ser parte de esos relatos.

En contraste con ellos, los lamanitas se describen como «gente perezosa e idólatra» (Mosiah 9:12), «salvajes, feroces y gente sanguinaria» (Enós 1:20) «un pueblo ocioso, lleno de maldad y astucia» (2 Nefi 5:24), cuya economía se basaba en la caza y en el asalto a los odiados nefitas. Por haber rechazado los mandamientos de Dios, los lamanitas fueron maldecidos, su piel se oscureció y degeneraron hacia la barbarie y el salvajismo.

Muchos de los relatos heroicos del Libro de Mormón hacen referencia a que los justos nefitas intentaban convertir a los lamanitas de su idolatría. En cierto punto, el rey lamanita Lamoni se convirtió milagrosamente a través de la sabiduría y el coraje de Ammon, un misionero nefita. El rey entonces condujo a mucha de su gente a la fe. Un pasaje describe lo que sucedió cuando los lamanitas fueron rehabilitados:

> Por lo tanto, todos los lamanitas que se habían convertido al Señor se unieron a sus hermanos los nefitas… Y les fue quitada su maldición, y su cutis se volvió blanco como el de los nefitas. Y sus jóvenes e hijas llegaron a ser sumamente bellos, y fueron contados entre los nefitas y se llamaron nefitas (3 Nefi 2:12, 15).

En otras palabras, lo que comenzó como una separación entre dos clanes judíos, con el tiempo se convirtió en una división espiritual, cultural y política. En el transcurso de la historia, diversos grupos de disidentes se alejaron de los nefitas y se unieron a los lamanitas. Cuando los lamanitas se convirtieron, se llamaron ellos también nefitas.

LOS LIBROS DEL LIBRO DE MORMÓN

Libro	Sinopsis	Capítulos	Período de tiempo
1 Nefi	La migración de la familia de Lehi desde Jesusalén a través de Arabia hasta llegar a Norteamérica	22	600-570 a.C.
2 Nefi	División en dos naciones luego de la muerte de Lehi. Discursos doctrinales de Lehi y Nefi.	33	570-544 a.C.
Jacob	Luego de la primera generación, la gente comienza a alejarse de la verdad. Discurso doctrinal.	7	Luego del 544 a.C.
Enós	Condiciones sociales y espirituales entre los nefitas y los lamanitas.	1	Hasta el 420 a.C.
Jarom	Éxito económico y militar de los nefitas durante varias décadas debido a su obediencia a Dios	1	399-361 a.C.
Omni	Ciclos de guerra y paz durante generaciones. Descubrimiento del reino mulekita de Zarahemla y su fusión con los nefitas	1	360-130 a.C.
Las Palabras de Mormón	El antiguo editor, Mormón, inserta una explicación de sus fuentes y la historia de los registros que él ha compendiado.	1	385 d.C.

Mosiah	Los nefitas se dividen y migran a nuevas tierras. Sus guerras. Descubrimiento de los jareditas. La predicación profética conduce a una renovación de la verdadera religión. Algunos grupos nefitas se unen a los lamanitas, en tanto que otros se vuelven a unir al cuerpo central de los nefitas.	29	200-91 a.C.
Alma	Cambio de la monarquía al gobierno de los jueces. Confusión política entre los nefitas. Amenazas de los ejércitos lamanitas y de golpes de estado políticos. Mucha predicación hacia los nefitas y lamanitas. Muchos lamanitas se convierten y se unen a los nefitas.	63	91-53 a.C.
Helamán	Las condiciones primero se vuelven mejores y luego empeoran dentro de la sociedad nefita. Guerras contínuas y caos político. Caudillos controlan el gobierno nefita. Los lamanitas rectos instan a los nefitas a arrepentirse.	16	52-1 a.C.
3 Nefi	Señales que anuncian el nacimiento de Cristo. Los nefitas sobreviven a la guerra y se convierten en prósperos, orgullosos y duros de corazón. Aparece Cristo, trayendo gran destrucción sobre la tierra. Les enseña a sus seguidores y establece su iglesia.	30	1-35 d.C.
4 Nefi	Siguen 200 años de unidad, paz y justicia luego del advenimiento de Cristo. En otros 100 años el pueblo revierte a las antiguas divisiones y maldades.	1	36-321 d.C.

Mormón	Los nefitas se vuelven más malvados que los lamanitas. A eso le siguen guerras masivas, hasta que los nefitas resultan completamente aniquilados.	9	322-400 d.C.
Eter	Los registros de los jareditas son compendiados por Moroni. Su migración desde la torre de Babel hasta Norteamérica. Su historia de intrigas políticas y guerras. Ciclos de rectitud y rebelión, que conducen a la destrucción final.	15	¿3100?-580 a.C.
Moroni	Los pensamientos finales de Moroni dan una conclusión al Libro de Mormón, y se incluye una apelación a recibir el testimonio del libro.	10	400-421 d.C.

Dos otros grupos mencionados en el Libro de Mormón no eran descendientes del grupo original de Lehi. Mulek y su grupo abandonaron Jerusalén alrededor de la misma época que la familia de Lehi. Poco se dice acerca de su historia. Fueron descubiertos por un grupo de exiliados nefitas, y ellos les enseñaron su lenguaje y religión. El líder nefita se convirtió en su rey y los mulekitas fueron absorbidos dentro de la nación nefita.

La nación jaredita comenzó en tiempos de la torre de Babel. Cuando Dios confundió las lenguas de la gente (ver Génesis 11), permitió que la familia de Jared y sus amigos mantuvieran el mismo dialecto. También les prometió un hogar en una nueva tierra que había elegido. El grupo jaredita se multiplicó y prosperó en el nuevo mundo. El libro de Eter cuenta la manera en que ellos construyeron una próspera civilización que contaba con una población de millones de personas. Sin embargo, su historia se vio deslucida por guerras civiles y apostasía. Se les enviaron profetas para llamarlos al arrepentimiento. Con mucha frecuencia esos profetas fueron injuriados, lo que les atrajo el juicio de Dios. Finalmente, los jareditas se aniquilaron ellos mismos en una guerra final generalizada. Millones murieron, hasta que los únicos en quedar fueron los dos reyes confrontados. Coriántumr mató a Shiz y sobrevivió lo suficiente como para ver a los mulekitas entrar en la tierra.

Guerra tras guerra

El argumento del Libro de Mormón está dominado por registros de migraciones y guerras. Los grupos de personas se trasladaban de una ubicación a otra, con frecuencia buscando escapar a una opresión política o a la guerra. Con mucha frecuencia los nefitas batallaban en contra de los lamanitas. Sin embargo, en varias de las guerras se enfrentaron facciones nefitas entre sí, unas contra otras; en general lo hacían buscando un control del gobierno y a menudo en alianza con los lamanitas.

Las historias de esas guerras han sido condimentadas con grandes actos de heroísmo. En cierto momento, un grupo de lamanitas convertidos hizo un juramento de no violencia. Muchos de ellos fueron asesinados por otros lamanitas antes de que se unieran a los nefitas para pedir protección. Una generación más tarde, sus hijos, que eran demasiado pequeños como para haber hecho aquel juramento, volvieron a las armas para defender a los nefitas en su tiempo de necesidad. Esos «dos mil soldados jóvenes» (Alma 53:22) conducidos por Helamán, dieron vuelta la batalla, a través de su valentía. En toda la guerra, ninguno de ellos murió batallando.

Alrededor del año 50 a.C. una nueva facción aparece en el relato: un grupo de subversivos conocidos como los asaltantes de Gadiantón. Originalmente, constituían un cartel de criminales fundado sobre la base de conocimientos secretos y juramentos, pero luego el grupo se convirtió en una fuerza política. En un momento llegaron a controlar el gobierno de los nefitas. En otras ocasiones, sus líderes gobernaron como caudillos en zonas marginales de la sociedad, combatiendo tanto en contra de los nefitas como de los lamanitas.

LÍNEA DEL TIEMPO DEL LIBRO DE MORMÓN

Fecha	Evento del libro de Mormón	Eventos históricos y bíblicos
¿3100 a.C.?	Migración de los jareditas a América	Torre de Babel
600 a.C.	Migración de Lehi y su familia a América.	
587 a.C.	Los mulekitas abandonan Jerusalén para dirigirse a América.	Caída de Jerusalén ante el Imperio Babilónico
580 a.C.	Destrucción de los jareditas	
323 a.C.		Muerte de Alejandro Magno
221 a.C.		Se completa la Gran Muralla China
¿180 a.C.?	Descubrimiento de los mulekitas por parte de los nefitas	
90 a.C.	Conversión del rey lamanita Lamoni	
64 a.C.	Los 2.000 guerreros jóvenes de Helamán	
63. a.C.		Jerusalén conquistada por Roma

50 a.C.	Surgimiento de los atracadores de Gadiantón	
44 a.C.		Muerte de Julio César
34 d.C.	Aparición de Jesucristo en América	
35-200 d.C.	Edad dorada de justicia y paz	
70 d.C.		Destrucción del templo judío de Jerusalén
200 d.C.		Persecución de los cristianos por parte del emperador romano Severo
306 d.C.		Constantino asciende como Emperador de Roma
385 d.C.	Exterminio de los nefitas	
401 d.C.		Se completa el libro: *Confesiones de Agustín*
421 d.C.	Finalizan los registros del libro de Mormón	
447 d.C.		Sube al poder Atila, el huno

Ciclos de arrepentimiento

En tanto que las guerras ocupan un lugar destacado, el Libro de Mormón se presenta principalmente como una historia espiritual. Su perspectiva global es que cualquiera que poseyera la Tierra Prometida lo lograría a través de una relación de pacto con Dios. Si el pueblo era recto, sería bendecido en la tierra. Si vivía en iniquidad, sería maldecido. Entonces, si no se arrepentía, finalmente sería destruido, como lo habían sido los jareditas.

Esa perspectiva de bendición y maldición con fines disciplinarios que se ve en el Libro de Mormón creaba un ciclo espiritual. Cuando el pueblo obedecía a Dios, prosperaba. Con el tiempo, la bendición material que había recibido lo llevaba al orgullo y se olvidaba de Dios. Como resultado, aumentaban la corrupción y la inmoralidad. En respuesta, Dios humillaba al pueblo a través del hambre o de plagas, derrota a manos de sus enemigos, o colapso de la sociedad. Angustiado, el pueblo se humillaba y arrepentía. La gente comenzaba a vivir rectamente, Dios los bendecía, y el ciclo comenzaba de nuevo.

Por ejemplo, el libro de Helamán describe la manera en que los nefitas fueron completamente vencidos en la batalla debido a que sus riquezas los habían vuelto soberbios:

> Y a causa de su gran perversidad y por haberse jactado de su propio poder, fueron abandonados a su propia fuerza; por tanto, no pudieron prosperar, sino que los lamanitas los afligieron, hirieron y echaron delante de ellos, hasta que los nefitas habían perdido casi todas sus posesiones (Helamán 4:13).

Sin embargo, cuando comenzaron a seguir a Dios de nuevo, después de su aplastante derrota, les llevó solo siete años a los nefitas volverse «sumamente ricos» otra vez (Helamán 6:9-14).

En conformidad con este tema espiritual, muchos de los capítulos del Libro de Mormón registran sermones o enseñanzas extensas dadas a los nefitas por sus profetas o sus reyes. La narrativa también incluye varios ejemplos de renovación espiritual y de conversión de las personas.

¿Jesús en las Américas?

El punto más alto de la historia del Libro de Mormón está dado por la aparición de Jesús en las antiguas Américas en el año 34 d.C. Como se describe en 3 Nefi, la llegada de Jesús a América fue anunciada por una terrible devastación. A través de una serie de calamidades naturales, ciudades enteras fueron aniquiladas, junto con sus poblaciones. Solo «fue la parte más justa del pueblo la que se salvó» de la destrucción (3 Nefi 10:12). Luego de tres días de completa oscuridad, la voz de Jesús habló, pronunciando juicios sobre aquellas ciudades e invitando a los sobrevivientes a venir a él para recibir vida eterna.

Jesús entonces descendió de los cielos y les dio un mensaje mucho más parecido al Sermón del Monte. Más adelante volvió a aparecer ante una multitud mayor. Bendijo al pueblo mientras este lo adoraba, sanó a los enfermos y paralíticos, y les enseñó sobre diversos temas antes de ser levantado de nuevo al cielo.

En ese tiempo, Jesús comisionó a doce hombres para que condujeran su iglesia. Tres de ellos recibieron una bendición diferente: permanecerían vivos hasta el día del juicio final; viajarían de incógnito entre los pueblos del mundo para servir y realizar milagros. Las historias de esos tres nefitas ocupan un lugar especial dentro del folclore mormón hasta el día de hoy.

Los doce viajaban por los alrededores enseñando, bautizando y realizando milagros. En el término de tres años, toda la población de esa tierra se convirtió, inclusive los nefitas y los lamanitas. Como resultado, comenzó una era dorada de perfecta armonía y paz. Las divisiones económicas, raciales, políticas y sociales se desvanecieron. El crimen cesó. Esa sociedad utópica duró por casi doscientos años.

¿Cómo terminó todo?

Sin embargo, al igual que antes, la prosperidad los llevó al orgullo. Con el tiempo, la sociedad perfecta se fue desintegrando. Alrededor del año 200 d.C., la rebelión y la maldad comenzaron a echar raíces. Surgieron falsas iglesias. Los nefitas y lamanitas se separaron los unos de los otros. A medida que las viejas maldades regresaban, los malvados llegaron a ser muchos más que los justos. La conspiración de Gadiantón revivió y se expandió ampliamente.

A medida que el pueblo se volvía cada vez más corrupto, comenzaron a estallar guerras masivas entre nefitas y lamanitas. Las matanzas continuaron durante cincuenta años, hasta poco antes del 400 d.C., en que los nefitas resultaron exterminados. El Libro de Mormón informa acerca de doscientas mil bajas en una de las grandes batallas. Los lamanitas que sobrevivieron a esas guerras se convirtieron en los ancestros de los indios americanos.

Moroni adorna el templo de Los Santos de los
Últimos Días en la ciudad de Salt Lake.

Durante esos años finales, el profeta Mormón condensó los contenidos de los amplios registros nefitas en un grupo más pequeño de planchas de oro, las que confió a su hijo Moroni. La historia épica de esas dos civilizaciones acaba alrededor del año 421 d.C., cuando

Moroni esconde las planchas en una colina llamada Cumora, para preservarlas para la instrucción de generaciones por venir.

José Smith declaró que ese mismo Moroni es el que se le apareció a él como un ser resucitado en 1823 para prepararlo para recibir el antiguo registro de los nefitas. La historia de cómo obtuvo Smith las planchas de oro y las tradujo constituye una de las más fundamentales (y controvertidas) afirmaciones de la Iglesia de los Santos de los Últimos Días. ¿Qué haremos con esa historia tan refutada sobre ángeles y antiguos escritos en tablas doradas? Analizaremos esos intrigantes relatos en el próximo capítulo.

3

LOS MISTERIOSOS ORÍGENES DEL LIBRO DE MORMÓN

¿De dónde salió el Libro de Mormón

Cada año miles de fieles de los Santos de los Últimos días reviven su patrimonio cultural viajando hasta los emplazamientos históricos del mormonismo en el este de los Estados Unidos. Una industria próspera del turismo ofrece visitas guiadas a los lugares en los que José Smith recibió sus visiones, tradujo las placas de oro y organizó la Iglesia de los Santos de los Últimos Días. Muchos clientes de estos tours esperan obtener, más que una excursión informativa, una profunda experiencia espiritual y emocional. Uno de los vendedores confecciona una lista de los participantes que desean llevar a cabo lecturas inspiradoras, representaciones artísticas y la entonación de amados himnos de la fe.

Para los mormones esos lugares son sagrados. Su historia es sagrada, un registro de maravillas sobrenaturales, de profecías cumplidas y de sucesos de significado global. La historia de José Smith y las planchas de oro realmente resulta notable. Si fuera verdad, el mensaje mormón merecería que se le prestase atención. Pero aun en los más tempranos años del mormonismo, muchos observadores refutaron la autenticidad de las experiencias de Smith. Hoy, nuevas investigaciones históricas han causado aun mayores dudas acerca de la historia milagrosa en la que se cuenta cómo salió a la luz el Libro de Mormón.

Un espejo de los tiempos

Nacido en 1805, José Smith se mudó a Palmyra, Nueva York, con su familia en 1816.[1] Su madre, Lucy, en cuanto a lo religioso, era alguien que estaba en una búsqueda, leía la Biblia y deseaba servir a Dios pero, al igual que a muchos de sus contemporáneos, no le satisfacía ninguna de las denominaciones cristianas. José Smith padre también mostraba inclinaciones espirituales, pero no tenía mucho interés en la religión institucionalizada. A través de una serie de sueños que tuvo, se convenció de que la salvación era posible pero que el mundo religioso que lo rodeaba carecía de la verdad.

Al estilo de mucha gente de su época, los Smith estaban muy involucrados con la magia popular. Los miembros de la familia practicaban diversas formas de adivinación, incluyendo la videncia a través de un cristal. Eso involucraba utilizar una «piedra» que les permitía «ver» o «espiar» objetos ocultos o invisibles, como por ejemplo piezas perdidas o tesoros enterrados. En el norte del estado de Nueva York, las prácticas de magia eran comunes, aun entre aquellos que asistían asiduamente a la iglesia.[2] José hijo heredó la cosmovisión sobrenatural de sus padres, junto con sus incertidumbres religiosas. Como adolescente, asqueado por las disputas competitivas que observaba entre las denominaciones, mostraba su desconcierto en cuanto a la forma de ser salvo y con respecto a saber cuál iglesia era la correcta.

La Primera Visión

La carrera de Smith como profeta comenzó, según los registros de los Santos de los Últimos días, con una revelación conocida como la Primera Visión. A la edad de catorce años, luego de estudiar la Biblia y visitar las congregaciones locales, decidió preguntarle a Dios directamente a qué iglesia unirse. Al orar, un brillante haz de luz descendió sobre su cabeza y aparecieron dos esplendentes personajes en el aire, por encima de él. Uno señaló al otro y dijo: «Este es mi amado Hijo. ¡Escúchalo!» Smith les preguntó a esos seres cuál de las iglesias era la correcta. Entonces se le advirtió que no se uniera a ninguna de ellas, y

Dios el Padre le dijo «que todos sus credos eran abominación ante su vista; que todos esos profesores eran corruptos».[3]

Primera Visión de José Smith

Al presentar a todas las iglesias cristianas como falsas, la historia de la Primera Visión establece el escenario para la carrera de Smith como instrumento de Dios para restaurar el cristianismo original y para que la iglesia que él fundara fuese la única iglesia verdadera. Sin embargo, varias versiones diferentes de la Primera Visión preceden al registro oficial. Esas variantes difieren en muchos de los detalles. En uno de ellos, Smith dice que él concluyó a través de la lectura de la Biblia que las iglesias se habían desviado. Sin embargo, la versión oficial señala que antes de la visión él no tenía idea de que ninguna de las iglesias estuviera errada. Según una de las versiones, el único que se le apareció fue Jesús. En otra de ellas, Smith mencionaba a dos personajes sin nombre, uno de los cuales testificaba que Jesús era el hijo de Dios. Y hay aún otra versión que señalaba que él dijo haber visto ángeles y no seres divinos. Según uno de los relatos, la visión tuvo lugar cuando Smith tenía dieciséis años de edad. Versiones posteriores mencionan que tenía catorce años en ese entonces.[4]

No todos los Santos de los Últimos Días están familiarizados con esas variantes de la Primera Visión. Aquellos que las conocen argumentan que las diferencias no son contradicciones sino meras variaciones de énfasis. Declaran que las distintas ocasiones en que se mencionaron requerían que Smith recordara diferentes aspectos de esa experiencia rica y dinámica. Una perspectiva que se relaciona con esto es que a medida que la confianza y la comprensión de Smith acerca de su llamado profético fue creciendo, él comenzó a dar más detalles de los que había dado antes.[5] Pero a aquellos que no tienen un compromiso de lealtad con José Smith, las diferencias les hacen surgir preguntas genuinas con respecto a si en realidad tuvo esa visión o si simplemente la inventó (y la fue embelleciendo por el camino) para sustentar sus afirmaciones.

Salen a la luz las planchas de oro

La segunda experiencia con visiones que tuvo José Smith lo introdujo al Libro de Mormón. Según la historia oficial, Smith tenía diecisiete años cuando un mensajero celestial se le apareció en su cuarto una noche. El ángel se identificó como Moroni, la misma persona que había enterrado los antiguos registros nefitas. Le explicó a José que Dios tenía una obra que él debía llevar a cabo.

Le dijo que había un libro en depósito, escrito sobre tablas de oro, que contenía un registro acerca de los habitantes anteriores de este continente, y la fuente de la que ellos habían surgido. También le dijo que la plenitud del evangelio eterno estaba contenida en él, tal como les había sido comunicada por el Salvador a los antiguos habitantes.[6]

© Institute for Religious Research

José Smith recibe las planchas de oro de parte del ángel Moroni.

El ángel entonces le reveló dónde se habían escondido esas planchas: debajo de una piedra en un monte cercano. Para asegurarse de que él comprendiera el mensaje, Moroni se le apareció tres veces durante esa noche y de nuevo al día siguiente. Como se le instruyó, Smith fue hasta el Monte Cumora y desenterró las planchas de oro. Se le dijo que regresara cada año en la misma fecha para recibir nuevas instrucciones. El 22 de septiembre de 1827, el ángel le permitió a José, que entonces tenía veintiún años, tomar posesión de las planchas, junto con otros dos objetos enterrados a su lado: un pectoral y el Urim y Tumim. Este último consistía en un par de cristales fijados a una estructura metálica, como si se tratara de anteojos, que Dios le proporcionaba como instrumento de traducción. A Smith se le dijo que protegiera las tablas cuidadosamente. No debía mostrárselas a nadie; de otro modo él mismo sería destruido.

«Por el don y el poder de Dios»

La obra de traducción comenzó en la primavera de 1828, con Martin Harris, un granjero de Palmyra, asumiendo la tarea de escriba. José Smith no tradujo el Libro de Mormón en un sentido estricto del término. No estudió esas planchas o tablas directamente. En ocasiones las placas ni siquiera estaban en el mismo cuarto. Más bien él dirigía su mirada al Urim y Tumim, en el que veía aparecer el texto de la traducción. Luego le dictaba varias palabras al escriba. Si este las escribía correctamente, esa frase desaparecía del aparato y aparecía una nueva en su lugar. Más adelante, en vez de utilizar el Urim y Tumim, Smith traducía usando la misma piedra mágica de visualizar con la que alguna vez anduvo a la caza de tesoros enterrados. Él colocaba la piedra en su sombrero, y levantó el sombrero frente a su cara a fin de excluir la luz. Las palabras de la traducción aparecieron en la piedra.[7]

Después de transcribir 116 páginas de texto, Harris le rogó a Smith que le permitiera llevar el manuscrito a su casa para mostrárselo a su esposa. A regañadientes, José aceptó. Con horror descubrió luego que el manuscrito había desaparecido. Smith se dio cuenta de que si intentaba reproducir las páginas perdidas, su labor como traductor sería evaluada. Resolvió el problema explicando que las planchas de oro contenían dos diferentes relatos que cubrían el mismo período de tiempo. Dijo que Dios ahora le ordenaba traducir el segundo registro en lugar de volver a reproducir el primero —para evitar que sus enemigos alteraran el manuscrito original transformándolo en evidencia en contra de él. Smith no reanudó su dictado hasta unos nueve meses después, en abril de 1829, momento en el que Oliver Cowdery asumió como escriba. A partir de ese tiempo, la transcripción se realizó rápidamente y estuvo completa para junio —a un ritmo de siete páginas impresas por día. El Libro de Mormón fue impreso en la primavera de 1830.

Para los Santos de los Últimos Días, el método y el ritmo de dictado constituyen una fuerte evidencia de que José Smith no pudo haber redactado el Libro de Mormón por sí mismo. La historia resulta complicada, con líneas argumentales que se entrecruzan y cientos de diferentes personajes y nombres de lugares. Sin embargo, muestra una unidad de propósito y de temática. Incluye una descripción detallada de los sucesos, discursos elocuentes, y una variedad de distintas opiniones y perspectivas. Sin utilizar notas escritas, ensayos de prueba o borradores, Smith, un joven granjero sin instrucción, dictó su historia, página por página, sin tropezar con errores ni contradicciones. Según los mormones lo creen, eso solo podía hacerse por el poder de Dios.[8]

Los cristianos tradicionales no tienen problemas, en principio, con la aparición de un ángel o de un profeta con revelación acerca de escrituras divinas. Pero surgen algunas cuestiones con respecto a las particulares afirmaciones de José Smith. Por ejemplo, durante los años en los que Smith se preparaba para recibir las planchas de oro, él continuó dedicándose a la adivinación. De hecho, fue contratado por Josiah Stowell para que, usando su piedra de vidente, encontrara un tesoro oculto en las tierras de Stowell. En 1826 Smith fue llevado a la corte acusado de ser una persona que alteraba el orden público y un impostor, basándose en su actividad de búsqueda de tesoros.[9]

Los que no son mormones quedan perplejos ante la forma en que la habilidad de Smith de practicar la videncia a través de cristales pareció fluir sin interrupciones a la par de su actividad como profeta. En años posteriores, Smith admitió abiertamente sus muchos disparates y locuras juveniles durante ese período. Presumiblemente, se refería en parte a sus actividades de búsqueda de tesoros.[10] Pero, ¿de qué forma un implemento utilizado para propósitos ocultos de pronto se convierte en una herramienta de revelación divina? Uno de los eruditos de los Santos de los Últimos Días sugiere que el don milagroso de Smith «evolucionó naturalmente partiendo de sus tempranas búsquedas de tesoros».[11]

Dado el disgusto de Dios con respecto a las actividades ocultas (Deuteronomio 18:10-14; Ezequiel 13:17-23), esa evolución resulta difícil de sustentar. Y si su transición de vidente a profeta resulta creíble, me pregunto por qué, en los años en que yo crecía siendo mormón, escuché a los líderes de los Santos de los Últimos Días negar que Smith se hubiera involucrado en prácticas de magia y señalar aquello como una difamación inventada por sus enemigos.

Algunos eruditos piensan que a las tempranas experiencias de Smith con la magia popular se las reformó o adaptó en años posteriores para que entraran en categorías que sonaran más bíblicas. De tanto en tanto, aparecen insinuaciones de relatos sobre algún tipo de magia extravagante referidos a Smith, aparte de los registros oficiales. Por ejemplo, algunos líderes posteriores de los Santos de los Últimos Días volvieron a contar historias que les habían sido transmitidas por Smith o sus cohortes acerca de una cantidad de artefactos enterrados en el Monte Cumora. Oliver Cowdery y el hermano de José, Hyrum, relataban ambos que habían acompañado a José a una cueva en ese monte que estaba llena de infinidad de registros antiguos, armas y otras reliquias.[12] Esos registros hacen surgir preguntas con respecto a la realidad objetiva de las otras experiencias de Smith. ¿Realmente sucedieron? ¿Smith solo creyó que habían sucedido? ¿O las inventó?

La declaración de algunos testigos

Poco después de que las transcripciones del Libro de Mormón se completaron, y antes de que se le regresaran las planchas al ángel Moroni, Smith permitió que algunos de sus seguidores las vieran. Conocidos como los «tres testigos», Oliver Cowdery, David Whitmer y Martin Harris, firmaron una declaración atestiguando que un ángel les había mostrado las planchas y los grabados que había en ellas. Otra declaración, firmada por otros ocho testigos distintos, afirma que esos hombres «habían visto y sostenido en sus manos«las verdaderas planchas de oro.[13]

Dado que ya no se dispone de las planchas para examinarlas, los Santos de los Últimos Días les conceden mucho peso a las palabras de esos hombres, en especial a las de los tres primeros. Su testimonio presencial probablemente constituya la evidencia más fuerte de que las planchas de oro han existido. Cowdery, Harris y Whitmer se indispusieron en contra de José Smith y el mormonismo en algún momento. Pero ninguno de ellos jamás se retractó de su testimonio con respecto a las planchas de oro.

Para el que observa desde afuera, sin embargo, se presentan algunos cuestionamientos acerca de estas evidencias. No se conoce que los tres testigos hayan sido mentirosos. Pero, ¿exactamente cuál fue la naturaleza de sus experiencias? La declaración de ellos señala que se les mostraron las planchas «por el poder de Dios, y no del hombre». En años posteriores, Martin Harris afirmó que él vio las planchas a través de «los ojos de la fe». Harris era conocido por tener experiencias de visiones y por una imaginación frondosa. David Whitmer hacía referencia a su experiencia como a una visión. Así que es probable que los tres testigos nunca hayan visto las verdaderas planchas de oro con sus ojos físicos. La naturaleza de visión que tenía su experiencia hace que su testimonio resulte menos convincente. No se trata de la clase de evidencias, por ejemplo. que se admitirían en una corte.

A diferencia de los tres, los otros ocho testigos nunca afirmaron haber visto las planchas «por el poder de Dios». Además, señalaban que en realidad tocaron las planchas. En un sentido literal, entonces, el testimonio de ellos pareciera arraigarse en una experiencia física objetiva. Sin embargo, uno de los testigos, Hiram Page, era poseedor de una piedra de videncia y afirmaba recibir revelaciones a través de ella. Otro de los testigos, John Whitmer, dijo haber visto las planchas por un poder sobrenatural. Y Martin Harris afirmaba que ninguno de los ochos testigos había visto o tocado las planchas en realidad, excepto en visión.[14]

Aun hay otro factor que devalúa más el testimonio de ellos. En su misma generación otros ofrecieron evidencias similares. Una secta religiosa llamada los Shakers presentaron ocho testigos que afirmaron haber visto a un ángel sosteniendo su libro de escrituras. Siete testigos declararon haber visto y tocado otro juego de antiguas planchas que Dios le había entregado a James Strang. Si creemos el testimonio de los Santos de los Últimos Días, debemos considerar también las afirmaciones de todos los demás. Así que, en tanto que el testimonio de esos hombres honestos puede tener cierto peso, los que no se inclinan a creer esta historia encuentran esas evidencias con menos peso del que parece.[15]

¿Podía José Smith haber escrito el Libro de Mormón?

Desde los primeros días que siguieron a su publicación, la gente ha buscado una conexión entre el Libro de Mormón y las fuentes literarias que José Smith pudo haber tenido a su disposición. Por ejemplo, el libro de Ethan Smith *A View of the Hebrews* [Una perspectiva de los hebreos] (1823) presenta varios paralelos con el Libro de Mormón. Entre ellos la concepción, frecuentemente sostenida en los Estados Unidos a principios de 1800, acerca de que los indios americanos eran descendientes de los israelitas. Pero, en tanto que *A View of the Hebrews* en realidad podría haberle provisto a Smith información que alimentara su imaginación, no le proporcionó ni un argumento ni los personajes.

Algunos han argumentado que la historia del Libro de Mormón fue plagiada de una novela de Solomon Spaulding no publicada. Esa teoría depende de que se pueda demostrar que existe una conexión entre Smith y Spaulding, lo que yo no encuentro convincente. Pero sea que lo haya tomado de otras fuentes o no, el Libro de Mormón refleja claramente las influencias culturales y las cuestiones populares de los tiempos de Smith».[16]

Con o sin la ayuda de otras fuentes, ¿podría José Smith haber redactado el Libro de Mormón? Smith había sido educado en un nivel común para su tiempo. Pero la inteligencia y la imaginación no dependen de la educación. Creció en una familia receptiva a las visiones y sueños. Su madre decía que él solía entretener a la familia con historias sobre los antiguos habitantes de las Américas, incluyendo su indumentaria, ciudades, guerras y religión.[17]

Smith comenzó a hablar acerca de las planchas de oro más de cinco años antes de que se publicara el Libro de Mormón. Durante ese tiempo, podía haber imaginado la historia en muchos de sus detalles. El proceso de dictado, que podríamos considerar dificultoso hoy, probablemente fue más fácil en una cultura adepta a la comunicación oral, en la que la narración de historias era una habilidad corriente. De hecho, al leer el Libro de Mormón, he notado señales de un estilo oral. Las frases son largas y enmarañadas, y llenas de repeticiones, tal como uno lo esperaría si el autor estuviera hablando de manera improvisada.

José Smith le dicta el Libro de Mormón a un escriba.

Tomado del libro *An Insider's View of Mormon Origins* de Grant Palmer. Usado con permiso.

No puedo probar en lo absoluto que José Smith no haya recibido las planchas de oro de un ángel o que no las haya traducido por el poder de Dios. Pero las afirmaciones hechas en su historia resultan tan notables que el peso de la prueba debe recaer sobre los que las defienden. Nos enfrentamos con versiones cambiantes de la Primera Visión, con relatos fantasiosos de tesoros escondidos en una montaña, la transformación de una piedra de videncia en un instrumento divino de traducción, sugerencias de algunos testigos de haber visto las planchas de oro solo en visión, la posibilidad de que haya una dependencia literaria de otras fuentes, y la imaginación y habilidad innata de José Smith. Así que resulta comprensible que aquellos que no son mormones tengan sus reservas.

Muchos fieles de entre los Santos de los Últimos Días no son conscientes de esas cuestiones. Y aquellos que lo son, encuentran convincentes las explicaciones dadas por los eruditos mormones. Pero para los Santos de los Últimos Días, la prueba más contundente con respecto al Libro de Mormón viene en la forma de una experiencia espiritual que la valida.[18] Sin embargo, el mensaje de José Smith es concreto y práctico. Él afirmaba haber tenido en su poder planchas de oro reales y ubica su narración dentro de la historia y en un continente en particular. Desafortunadamente, no existe evidencia concreta disponible como para ser examinada. Sin una verificación empírica, todo lo que podemos hacer es comparar la plausibilidad de las distintas teorías. Aquellos que no están comprometidos con la veracidad del Libro de Mormón o con el divino llamado de José Smith, tropezarán con suficientes preguntas como para que eso les cause dudas razonables.

Si tenemos preguntas sobre los orígenes del Libro de Mormón, ¿qué acerca de su contenido? ¿Qué es lo que el Libro de Mormón enseña, y cómo se compara eso con la Biblia? ¿Pueden los cristianos abrazar sus doctrinas? El siguiente capítulo le echa un vistazo al Libro de Mormón, en esta ocasión no para comprender su argumento sino para entender más su mensaje.

4

¿LA PLENITUD DEL EVANGELIO ETERNO?

¿Qué es lo que enseña el Libro de Mormón?

Los miembros de mi familia, en su mayoría, son fieles Santos de los Últimos Días. Al preguntarle sobre su perspectiva acerca del Libro de Mormón, uno de mis cuñados señaló que el título del libro no ha logrado captar su mensaje esencial. Él lo ve principalmente como un libro sobre Jesucristo, con un mensaje acerca de que Jesús es el Hijo de Dios que murió para redimirnos de nuestros pecados. Teóricamente, como obra de antiguos profetas, el Libro de Mormón presenta un panorama acerca de Jesús, Dios, la naturaleza humana, la salvación y muchos otros tópicos importantes. De hecho, José Smith señaló que las planchas de oro contenían «la plenitud del evangelio eterno».[1] Sin embargo, muchas de las doctrinas centrales expuestas por la Iglesia de los Santos de los Últimos Días no se encuentran en el Libro de Mormón. En muchos sentidos, sus enseñanzas se parecen más a las doctrinas bíblicas que a las enseñanzas posteriores de José Smith y al mormonismo contemporáneo.

«Hablamos de Cristo, nos regocijamos en Cristo...»

Muchos cristianos se sorprenden al saber que el Libro de Mormón está lleno de referencias a Jesús. Por ejemplo, seiscientos años antes de Cristo, Nefi tuvo una visión del nacimiento virginal, Juan el Bautista, el bautismo de Jesús, sus milagros, el llamado de los doce discípulos y la muerte de Jesús en la cruz por los pecados del mundo

(1 Nefi 11:13-33). Muchos otros pasajes del Libro de Mormón también preanuncian en detalles la vida y ministerio de Jesús. De hecho, las referencias a Jesús aparecen, haciendo un promedio, cada dos versículos. Por lo tanto, Los Santos de los Últimos Días se toman a pecho 2 Nefi 25:26: «Hablamos de Cristo, nos regocijamos en Cristo, predicamos acerca de Cristo, profetizamos respecto de Cristo».

El cuadro que de Jesús se presenta en el Libro de Mormón es semejante al de la Biblia. A Jesús se lo llama Alfa y Omega, el Hijo Amado, el Redentor, el Rey, y se le dan muchos otros títulos que nos son familiares. De hecho, el Libro de Mormón enseña que Jesús es plenamente Dios:

> …el Señor Omnipotente, que reina, que era y que es desde todas las eternidades hasta todas las eternidades, descenderá del cielo entre los hijos de los hombres… Y se llamará Jesucristo, el Hijo de Dios, el Padre del cielo y de la tierra, el Creador de todas las cosas desde el principio (Mosiah 3:5, 8).

Karim Láu ·Imagen de BigStockPhoto.com

Esta estatua de Jesús ocupa la plataforma central del Centro de Visitantes de la Plaza del Templo de los Santos de los Últimos Días en la ciudad de Salt Lake.

El Jesús del Libro de Mormón es el Salvador que «viene al mundo para salvar a todos los hombres, si quieren oír su voz» (2 Nefi 9:21). Se habla frecuentemente de sus sufrimientos en la cruz, como en Alma 22:14: «Y habiendo caído el hombre, no podía merecer nada de sí mismo; mas los padecimientos y muerte de Cristo expían sus pecados». Como culminación de la historia del Libro de Mormón se presenta el ministerio del Jesús resucitado en el continente americano.

Sin embargo, quizá el Libro de Mormón nos cuente demasiado sobre Jesús. Me resulta muy extraño que los nefitas hubieran comprendido un tipo de evangelio completamente neotestamentario cientos de años antes de Cristo, al compararlo con el cuadro compuesto por distintos retazos que revelan los profetas del Antiguo Testamento. Por ejemplo, cuando Lehi abandonó Jerusalén, él sabía que Jesús sería bautizado por Juan y hasta mencionó por anticipado palabras que Juan iba a decir. Él comprendía que el salvador iba a morir y levantarse de los muertos (1 Nefi 10:4-11).

Ciertamente, Dios podía haber revelado todo esto por anticipado si hubiese querido. Pero no parece coherente que él les hubiera revelado tantos detalles a los nefitas y no a los profetas bíblicos. En contraste al Libro de Mormón, el cuadro de Jesús que aparece en el Antiguo Testamento es tan enigmático que lo que los judíos esperaban resultó muy diferente de lo que Jesús fue en realidad cuando vino al mundo. Y lo que es más, los únicos detalles que se encuentran en el Libro de Mormón referidos a la vida terrenal de Jesús son los que aparecen en la Biblia. Una explicación plausible es que José Smith simplemente entretejió detalles acerca de Jesús dentro del Libro de Mormón —detalles que él conocía con posterioridad a los hechos— y presentó esa información como profecía.

Padre, Hijo y Espíritu Santo

En el Libro de Mormón, a Dios el Padre se lo presenta como el Creador y el Ser Supremo, digno de recibir las oraciones y la adoración. Es un Dios de sabiduría, justicia y misericordia.[2] El Espíritu Santo, también conocido como el Espíritu del Señor, inviste de poder la profecía, da claridad espiritual y hace milagros. Su presencia les es dada como un don a los que se arrepienten y se convierten.[3]

El mormonismo niega la tradicional doctrina de la Trinidad. La Biblia enseña que solo hay un Dios, que existe eternamente en las tres personas: Padre, Hijo y Espíritu Santo. En contraste con eso, el mormonismo presenta a una divinidad conformada por tres seres (tres dioses) que están unidos en propósito pero no en su ser esencial.[4] Sin embargo, esta visión no parece reflejar lo que dice el Libro de Mormón, que habla del «Padre, y del Hijo, y del Espíritu Santo, que es un Dios infinito. Amén» (2 Nefi 31:21). Otro pasaje enseña que los malos deberán «comparecer ante el tribunal de Cristo el Hijo, y Dios el Padre, y el Espíritu Santo, que son un eterno Dios» (Alma 11:44). En otro lugar, a Jesús se lo identifica como «Padre Eterno mismo del cielo y de la tierra» (Alma 11:39). Esos versículos en verdad suenan a trinitarios.

Los maestros de los Santos de los Últimos Días explican que el Hijo es el Padre de tres maneras. Es el Padre de la creación, porque él la hizo. Es el Padre de todos los que aceptan su sacrificio expiatorio. Es el Padre por una delegación divina de autoridad, de manera que está plenamente autorizado y comisionado para hablar y actuar por el Padre.[5] En otras palabras, Jesús a veces es llamado por el título de «Padre», pero Dios el Padre es un ser distinto. Sin embargo, el Libro de Mormón parecería identificar al Padre y al Hijo como un Dios.

En varias otras áreas clave, las enseñanzas del Libro de Mormón con respecto a Dios difiere marcadamente de las enseñanzas tardías de José Smith. Por ejemplo, Smith declaró que Dios es un hombre que ha sido exaltado, y que alguna vez fue mortal como nosotros antes de convertirse en Dios.[6] El mormonismo enseña que Dios está casado y que Jesús es literalmente un espíritu que es su hijo.[7] Esos conceptos no se encuentran en ningún lugar del Libro de Mormón.

¿Una caída que eleva?

La Biblia enseña que los seres humanos fueron creados buenos, pero que ellos desobedecieron a Dios y por lo tanto cayeron en una condición moral de oscuridad, signada por el pecado. Del mismo modo, el Libro de Mormón dice que la caída «había hecho venir una muerte espiritual, así como una temporal, sobre todo el género humano —es decir, fueron separados de la presencia del Señor—», y que los hombres y mujeres entonces se volvieron «carnales, sensuales y diabólicos por naturaleza» (Alma 42:9-10). Por lo tanto, la caída da como resultado una condición espiritual depravada: «Porque el hombre natural es enemigo de Dios, y lo ha sido desde la caída de Adán» (Mosiah 3:19).

Sin embargo, el Libro de Mormón introduce una noción completamente ajena a la Biblia cuando enseña que la caída de Adán era necesaria para el avance de la raza humana. En 2 Nefi 2:22-23, se nos dice que no era bueno para Adán y Eva permanecer en el jardín del Edén: «No hubieran tenido hijos; por consiguiente, habrían permanecido en un estado de inocencia, sin sentir gozo, por no tener conocimiento de la miseria; sin hacer bien, por no conocer el pecado». El versículo 25 concluye que «Adán cayó para que los hombres existiesen». En otras palabras, la raza humana no hubiera existido a menos que Adán pecara primero. En su inocencia edénica, Adán y Eva no hubieran podido procrear; aunque Dios les había mandado que se multiplicaran y llenaran la tierra. Para decirlo de otro modo, esta perspectiva de la caída enfrenta dos mandamientos de Dios el uno contra el otro. Adán y Eva no podían cumplir el mandamiento de multiplicarse a menos que desobedecieran las directivas de Dios de no comer del árbol del conocimiento.

Otra vez digo, las enseñanzas posteriores del mormonismo van mucho más allá de lo que el Libro de Mormón enseña con respecto a la condición humana. La Iglesia de los Santos de los Últimos Días enseña que nosotros existimos en un estado previo al mortal como espíritus hijos de Dios antes de nacer en este mundo.[8] También sostiene que los humanos son seres de la misma clase que Dios (solo que menos avanzados), y que, como tales, tenemos la capacidad inherente de convertirnos nosotros mismos en dioses.[9] Estas doctrinas tampoco se encuentran en el Libro de Mormón.

«Por gracia... después de hacer todo lo que podemos»

Dado que a los seres humanos se los visualiza como caídos y separados de Dios, el Libro de Mormón también prescribe la forma en la que la gente se puede salvar. La salvación se obtiene por la expiación de Cristo y se la ve como un nuevo nacimiento a la vida eterna, que implica un cambio de la vieja naturaleza:

> «Y aconteció que después de haberle explicado Aarón estas cosas, dijo el rey: ¿Qué haré para obtener esta vida eterna de que has hablado? Sí, ¿qué haré para poder nacer de Dios, arrancar de mi pecho este espíritu inicuo y recibir el Espíritu de Dios para sentirme lleno de gozo, y no ser desechado en el postrer día?» (Alma 22:15).

Además, la salvación en el Libro de Mormón incluye una recompensa celestial cuando la persona resucita para enfrentar el juicio final por sus obras (Alma 11:41). A aquellos que permanezcan fieles hasta el final sus pecados les son perdonados y «serán recibidos en el cielo para morar con Dios en un estado de interminable felicidad» (Mosiah 2:41). El que no se arrepiente de sus pecados «será talado y arrojado al fuego» (Helamán 4:18).

Según la Biblia, una persona es salva por la gracia de Dios, a través de responder dejando el pecado y confiando en la persona y obra de Jesucristo. Eso conduce a una vida cambiada que se caracteriza por las buenas obras. En el Libro de Mormón la respuesta humana que asegura la salvación tiene cuatro caras: fe, arrepentimiento y bautismo, seguido por una fidelidad continua.

Y manda a todos los hombres que se arrepientan y se bauticen en su nombre, con perfecta fe en el Santo de Israel, o no podrán salvarse en el reino de Dios. Y si no se arrepienten, ni creen en su nombre, ni se bautizan en su nombre, ni perseveran hasta el fin, serán condenados (2 Nefi 9:23-24).

La gracia se menciona en el Libro de Mormón. Pero finalmente, la salvación es condicional, como lo señala 2 Nefi 25:23: «pues sabemos que es por la gracia que nos salvamos, después de hacer todo lo que podemos». En la Biblia la gracia es el favor de Dios dado gratuitamente a aquellos que no lo merecen. Pero en el Libro de Mormón, el don salvador de Dios solo se aplica luego de que una persona haya realizado su mejor esfuerzo para ser digna. Esa relación entre la gracia y el esfuerzo se ve en Moroni 10:32:

Sí, venid a Cristo, y perfeccionaos en él, y absteneos de toda impureza; y si os abstenéis de toda impiedad, y amáis a Dios con todo vuestro poder, alma y fuerza, entonces su gracia os bastará, y por su gracia podréis perfeccionaros en Cristo.

Notemos la progresión: si nos abstenemos de toda impiedad, y si amamos a Dios completamente, entonces la gracia de Dios será suficiente. El Libro de Mormón entonces enseña la salvación a través de una combinación de la gracia de Dios agregada al esfuerzo humano.

En tanto que el mormonismo sigue afirmando la necesidad de la fe, el arrepentimiento, el bautismo y la obediencia, las últimas enseñanzas de José Smith sobre la salvación introdujeron una cantidad de innovaciones. Por ejemplo, él enseñó que había tres cielos con diferentes grados de gloria,[10] que en el más alto de los cielos los hombres y mujeres pueden llegar a ser exaltados como dioses,[11] y que se requiere un matrimonio eterno para lograr ese puesto de exaltación.[12] El mormonismo también enseña que una persona tiene una segunda oportunidad para arrepentirse y volverse a Cristo después de la muerte.[13] Ninguna de esas ideas se derivan del Libro de Mormón.

Revelación personal

El Libro de Mormón tiene mucho que decir sobre otros tópicos también. Predice el futuro de Israel. Contiene instrucción moral con respecto a los peligros del orgullo y otros vicios. Habla a menudo sobre cuestiones éticas y sociales. En el mismo corazón de su mensaje está la promesa de la revelación personal. Muchos ejemplos del libro alientan a los lectores acerca de requerirle a Dios que haga aportes directos sobre su vida y que pueden esperar una respuesta concreta. El Libro de Mormón describe a los líderes nefitas buscando y recibiendo revelación sobre temas doctrinales. Pero la revelación personal no se limita a asuntos tan sublimes. Nefi le pidió al Señor poder descubrir dónde cazar. Los generales nefitas pidieron orientación con respecto a dónde y cómo atacar a sus enemigos.[14]

En un momento, Nefi deseaba comprender el significado de una de las visiones de su padre. Le pidió eso a Dios, sabiendo que «el que con diligencia buscare, hallará; y los misterios de Dios le serán descubiertos» (1 Nefi 10:19). En contraste con esto, sus hermanos no podían comprender la visión. Ellos no inquirieron a Dios porque supusieron que «el Señor no nos da a conocer estas cosas a nosotros» (1 Nefi 15:9). Lo que separaba a Nefi de sus malvados hermanos era su respuesta a la perspectiva de una revelación personal de Dios.

El principio de una revelación individual y directa se establece no solo por el ejemplo sino también por una invitación. Moroni 10:5 dice: «Por el poder del Espíritu Santo podréis conocer la verdad de todas cosas». Sobre esa base, se alienta al lector a preguntarle a Dios si el Libro de Mormón es verdad, con la promesa de que Dios hará conocer su verdad a aquellos que son sinceros.

¿Son cristianos los mormones?

Hemos visto que el Libro de Mormón tiene mucho en común con la doctrina bíblica. En particular, pone énfasis en Jesucristo y lo describe como el Creador divino y el Redentor del mundo. Los mormones reverencian a Jesús. Buscan conocerlo, seguirlo y obedecerle. Esa es la razón por la que los Santos de los últimos Días se confunden y a menudo de ofenden cuando otros aseguran que no son cristianos.

Yo procuro no discutir sobre quién es y quién no es cristiano. Puedo decir con confianza que, debido a sus enseñanzas sobre Dios, la humanidad y la salvación, la Iglesia de los Santos de los Últimos Días se ubica fuera del cristianismo bíblico e histórico. Personalmente, no creo que una persona pueda encontrar la vida eterna siguiendo el enfoque de los Santos de los Últimos Días sobre la salvación. Pero no puedo ver dentro de otros individuos para discernir su condición espiritual. Además, la discusión raramente resulta fructífera, porque gira en torno de diferentes suposiciones acerca de lo que define como válido a un cristiano. Como dice mi cuñado: «Siempre me ha molestado profundamente la idea de que la definición de lo que uno considera "cristianismo" dependa de detalles doctrinales más que en adherir a los ideales que Cristo enseñó».

Los Santos de los Últimos Días no están ciegos como para no darse cuenta de la frecuencia con que muchas veces las personas que sostienen creencias bíblicas correctas fallan en cuanto a obedecer o emular a Jesús. Por lo tanto parece más sabio analizar la sustancia de nuestra esperanza en Cristo que debatir acerca de meras etiquetas o categorías.

La plenitud del evangelio

Como lo mencioné anteriormente, se dice que el Libro de Mormón contiene «la plenitud del evangelio eterno». Eso hace surgir una pregunta, dado que el Libro de Mormón no dice nada sobre una cantidad de creencias esenciales de los Santos de los Últimos Días con respecto a Dios y a la eternidad. Mi sobrino explicó así su perspectiva con respecto a esta cuestión:

Cuando decimos que el libro contiene la plenitud del evangelio, no estamos diciendo que contenga cada parte de la doctrina, sino que contiene las herramientas para obtener esa plenitud, al señalar específicamente a José Smith, pero con más frecuencia a la existencia de profetas de estos tiempos modernos y a la validez de la restauración.

Yo diría en respuesta que tal vez cuando José Smith redactó el Libro de Mormón, este abarcó lo que él consideraba en ese momento que era el evangelio completo. Pero con el paso del tiempo, a medida que él iba desarrollando nuevas doctrinas, su teología se fue tornando cada vez más distante tanto del Libro de Mormón como de la Biblia. Estas últimas innovaciones doctrinales se desarrollaron en otros libros mormones. El Libro de Mormón se ubica apenas como uno de los volúmenes de los escritos proféticos de José Smith. En el siguiente capítulo, examinaremos la forma en que el Libro de Mormón se relaciona con otros libros sagrados de los Santos de los Últimos Días.

5

NUEVAS ESCRITURAS PARA LOS ÚLTIMOS DÍAS

.

¿De qué modo se relaciona el Libro
de Mormón con otras escrituras de
los Santos de los Últimos Días?

Cuando yo tenía dieciséis años, para Navidad mis padres me rega-
laron mi primera «combinación triple»: tres libros de las escrituras
mormonas encuadernados en un solo volumen. Era un regalo significativo, que mostraba su compromiso con los libros sagrados y el deseo
de alentarme a hacer de esas escrituras un aspecto central de mi vida.
Todavía lo tengo. Sus más de novecientas páginas, impresas sobre fino
papel símil pergamino y encuadernadas en cuero, contenían el Libro de
Mormón, Doctrina y Pactos, y La Perla de Gran Precio. Juntos con la
versión King James de la Biblia, estos son los libros que se consideran
divinamente inspirados, y se mencionan como las obras que funcionan
como parámetros de la Iglesia de los Santos de los Últimos Días. Mientras que la mayoría de los mormones usan esa triple combinación, otros
se inclinan por la «cuádruple», encuadernada en cuero, que incluye la
versión King James junto con las otras tres obras de referencia.

La perspectiva de los Santos de los Últimos Días sobre las Escrituras

A través de la historia, los cristianos han visto tan solo a la Biblia
como la palabra final y autoritativa de Dios para la humanidad. Por
contraste, los mormones no visualizan la Biblia (ni tampoco sus otras

escrituras) como contenedora de todas las palabras de Dios. José Smith escribió: «Creemos en todo lo que Dios ha revelado, en todo lo que está revelando ahora; y creemos que él revelará todavía muchas cosas grandes e importantes que tienen que ver con el reino de Dios».[1]

Los Santos de los Últimos Días creen que un día serán restaurados muchos libros antiguos que contienen escrituras. Por ejemplo, Doctrina y Pactos hace referencia a que tendremos a nuestro alcance el libro de Enoc «a su debido tiempo» (D&C 107:57). El Libro de Mormón predice que los registros de las diez tribus perdidas de Israel en algún momento se agregarán a las escrituras (2 Nefi 29:11-13). También promete que un relato más completo de las palabras que Jesús les dirigió a los nefitas será dado a conocer un día (3 Nefi 26:6-8).

La Iglesia de los Santos de los Últimos Días también afirma tener profetas que hablan de parte de Dios hoy en día. Las palabras inspiradas de esos profetas, que se transmiten a través de las conferencias de la Iglesia y de publicaciones, reciben el tratamiento de escrituras.[2] Hablando acerca de los que han sido ordenados para proclamar la verdad de Dios, Doctrina y Pactos 68:4 dice:

> Y sea lo que fuere que hablen cuando son movidos por el Espíritu Santo, eso será escritura, será la voluntad del Señor, será el pensamiento del Señor, será la palabra de Dios, será la voz del Señor, y el poder de Dios para salvación.

Todo presidente de la Iglesia de los Santos de los Últimos días es considerado por los mormones como un profeta, un vidente y un revelador. Por lo tanto, ningún libro sagrado es portador de la autoridad final dentro del mormonismo. Al final, la palabra de un profeta vivo se alza por encima de la autoridad de las escrituras.[3] Por ejemplo, un profeta puede ser inspirado por una revelación que proporcione una interpretación totalmente nueva o más plena de algún texto de las escrituras. De tanto en tanto, las afirmaciones de los líderes de los Santos de los Últimos Días se añaden formalmente a las páginas de las obras que constituyen el parámetro o referencia.

En contraste con eso, la posición cristiana histórica es que la revelación concluyente de Dios a la humanidad ya ha sido dada en la persona de Jesucristo (Hebreos 1:1-2), tal como está redactada en la Biblia. Pero aún si aceptáramos la posibilidad de escrituras adicionales, la Biblia nos advierte a menudo que tengamos cuidado con los falsos profetas y por lo tanto nos enseña a evaluar cualquier mensaje que se proclame como proveniente de Dios. Deuteronomio 13:1-3 sugiere que la prueba tiene que ver con que esa nueva revelación sea conforme a lo que Dios ya ha revelado acerca de sí mismo. Debido a esas advertencias bíblicas, los cristianos siempre miran con sospecha las nuevas declaraciones acerca de verdades divinas. También somos cuidadosos porque la historia proporciona muchos ejemplos de líderes religiosos que han intentado socavar la autoridad de la Biblia, que es única, para poder introducir la de ellos.

Los Santos de los Últimos Días consideran a Thomas S. Monson, presidente de la iglesia, como un profeta de Dios de los últimos días.

Doctrina y Pactos

En su papel como profeta, José Smith transmitió muchas revelaciones que fueron publicadas en 1835 como Doctrina y Pactos: «una colección de revelaciones divinas y declaraciones inspiradas que fueron dadas para el establecimiento y reglamentación del reino de Dios en la tierra en los últimos días».[4] De los 138 distintos capítulos (conocidos como secciones) de Doctrina y Pactos, 135 llegaron a través de José Smith. Tres de sus sucesores contribuyeron con un capítulo cada uno, y es posible que más revelaciones sean agregadas en el futuro. El libro también incluye dos declaraciones oficiales, de 1890 y de 1978, que proveen dirección en cuanto a cuestiones de práctica importantes para los Santos de los Últimos Días.

Muchas secciones de Doctrina y Pactos tienen que ver con cuestiones cotidianas de gobierno de la Iglesia de los Santos de los Últimos Días en sus primeros tiempos. Algunas secciones no son revelaciones, estrictamente hablando, sino que contienen cartas, informes y afirmaciones. Cierta cantidad de las secciones se relacionan con el desarrollo de la estructura de la iglesia, ya que definen cargos y crean cuerpos de gobierno. Algunas secciones expanden algunos temas bíblicos y otras contienen profecías acerca del futuro. Doctrina y Pactos también cuenta con una cantidad de enseñanzas centrales propias del mormonismo, que incluyen el matrimonio eterno, la poligamia, la salvación de los muertos, y el sacerdocio de los Santos de los Últimos Días.[5]

ENSEÑANZAS CLAVE DE DOCTRINA Y PACTOS	
Sección	Contenido
76	Aquellos que alcanzan los niveles más altos del cielo son llamados dioses.

84	Las bases y funcionamiento del sacerdocio mayor (el de «Melquisedec») y el menor (el de Aarón») dentro del mormonismo.
88	El cielo tiene tres claros niveles de distintas glorias: el reino celestial, el reino telestial, y el reino terrestre.
89	La «Palabra de Sabiduría» es la que determina las leyes alimenticias de los mormones, lo que incluye la prohibición del uso del tabaco y el alcohol.
93	Los seres humanos son eternos e increados, y el alma es divina en su naturaleza.
128	El bautismo se lleva a cabo para la salvación de aquellos que ya han muerto.
131	El matrimonio eterno constituye un requerimiento para ser elevado al más alto de los cielos.
132	El matrimonio eterno continúa con esa unidad familiar después de la muerte y es lo que se requiere para convertirse en dios. Un hombre puede casarse con más de una mujer.
138	La salvación es posible para aquellos que ya han muerto si la gente que queda en la tierra lleva a cabo en el templo, a su favor, los requerimientos ordenados.

Declaración oficial 1	Llamada el «Manifiesto», esta declaración de 1890 prohibió la poligamia.
Declaración oficial 2	En 1978 se le concedió el sacerdocio a los hombres de todas las razas que fueran dignos.

El Libro de Moisés

La Perla de Gran Precio está formada por tres obras más cortas, y da comienzo con el Libro de Moisés. En 1830, José Smith declaró haber recibido una extensión inspirada del libro bíblico de Génesis. Junto con una visión que se menciona que experimentó el profeta bíblico Moisés, se inserta un material adicional dentro del texto de Génesis, entre los capítulos 1 y 6, que expone sobre tópicos como la naturaleza de la creación, el papel de Satanás, la familia de Adán y Eva y el pecado de Caín. Por ejemplo, el Libro de Moisés amplía la historia de Enoc, que ocupa cuatro versículos en la Biblia (Génesis 5:21-24), hasta sobrepasar los cien versículos.

El Libro de Moisés introduce varias ideas propias que no se encuentran en la Biblia. Enseña que todas las cosas fueron creadas primero espiritualmente antes de ser creadas materialmente. Describe la manera en que Dios eligió a Jesús por sobre Satanás para convertirse en el Salvador del mundo, y la forma en que Satanás, al sentirse rechazado, se rebeló en contra de Dios y fue arrojado del cielo para convertirse en el diablo. Describe a Adán y a los antiguos como gente que tenía un conocimiento pleno de Jesucristo y del plan de salvación desde el mismo comienzo.[6]

El Libro de Abraham

El Libro de Abraham, que también forma parte de La Perla de Gran Precio, tiene un origen particular. Un expositor itinerante les vendió cuatro momias y algunos rollos de papiro a los mormones en 1835. José Smith declaró que uno de los rollos contenía «escritos de

Abraham del tiempo en que estuvo en Egipto»,[7] que Smith procedió a traducir.

El Libro de Abraham proporciona las bases para varias doctrinas particulares de los Santos de los Últimos Días. En la visión que Abraham tiene del universo, él descubre que el trono de Dios se encuentra cercano a una estrella llamada Kolob. La misma visión describe a los espíritus humanos, llamados «inteligencias», como eternos e increados. Muestra a esos espíritus tomando decisiones en medio de un gran concilio, antes de nacer en esta tierra. Un relato de la creación, similar a Génesis 1 y 2, describe a múltiples dioses involucrados en la formación del universo.[8]

La historia del Libro de Abraham dio un giro interesante en 1966. Los rollos de papiro se habían perdido después de la muerte de José Smith, hasta que algunas partes de la colección aparecieron en el Museo de Arte Metropolitano de la ciudad de Nueva York. Se pudo identificar una porción del rollo, que supuestamente Smith había traducido, al compararlo con sus notas y dibujos. Sin embargo, cuando los eruditos modernos analizaron el papiro, descubrieron que se trataba de un texto funerario de los que se solían enterrar con las momias. La fecha del papiro se remontaba por lo menos a mil quinientos años después de los tiempos de Abraham. De hecho, el contenido no tenía nada que ver con Abraham y no guardaba ninguna similitud con la traducción de José Smith.[9]

Los eruditos de los Santos de los Últimos Días han reaccionado proponiendo una cantidad de teorías que explican el por qué lo escrito en los rollos no va de acuerdo con el texto del Libro de Abraham. Algunos creen que el texto que José Smith tradujo se ubica en porciones de los rollos que todavía no se han recuperado. Otros piensan que el texto egipcio original actuó como un catalizador que impulsó a Smith a recibir revelación directamente de Dios.[10] Muchos de los Santos de los Últimos Días ni siquiera tienen conciencia de que haya problemas con respecto al Libro de Abraham. La Iglesia de los Santos de los Últimos Días nunca ha emitido una explicación oficial.

EXPLICACIÓN

Fig. 1. El ángel del Señor.

Fig. 2. Abraham atado sobre un altar.

Fig. 3. El sacerdote idólatra de Elkenah intenta ofrecer a Abraham como sacrificio.

Fig. 4. El altar de los sacrificios de los sacerdotes idólatras erigido delante de los dioses de Elkenah, Libnah, Mahmackrah, Korash y Pharaoh.

Fig. 5. El dios idolátrico de Elkenah.

Fig. 6. El dios idolátrico de Libnah

Fig. 7. El dios idolátrico de Mahmackrah.

Fig. 8. El dios idolátrico de Korash.

Fig. 9. El dios idolátrico de Pharaoh.

Fig. 10. Abraham en Egipto.

Fig. 11. Diseño que representa los pilares del cielo, según la comprensión de los egipcios.

Fig. 12. Raukeeyang, que significa expansión, o el firmamento que está sobre nuestras cabezas; pero en este caso, con relación a este tema, los egipcios querían darle el significado de Shaumau, o sea las alturas, o el cielo, que corresponde a la palabra hebrea Sahumahyeem.

José Smith copió esta figura de un papiro egipcio y le dio su interpretación a los jeroglíficos escritos debajo.

Originalmente publicado en *Times and Seasons* [Tiempos y estaciones], del 1 de marzo de 1842.

Los escritos de José Smith

El último segmento de La Perla de Gran Precio incluye tres obras escritas por José Smith. La primera es una revisión de Smith de Mateo 24, en la que ha agregado casi quinientas palabras. La segunda, titulada «José Smith: la historia», narra la fundación del mormonismo. La tercera parte consiste en una explicación de creencias mormonas. Los trece breves Artículos de Fe que se encuentran allí no proporcionan un resumen completo de la doctrina de los Santos de los Últimos Días. Más bien, introducen unas pocas creencias básicas de los mormones como la autoridad del sacerdocio y el papel de la revelación continua.

Una nueva versión de la Biblia

En 1833, José Smith completó una revisión de la Biblia. Trabajando con la versión King James, resolvió contradicciones, corrigió lo que consideraba errores, y agregó lo que afirmó que eran porciones perdidas. En total, los versículos cambiados fueron más de tres mil. Esta versión modificada se conoce como la Versión Inspirada, o la Traducción de José Smith, aunque no se trata de una traducción en el sentido ordinario del término. Smith no había estudiado los idiomas bíblicos. Sus cambios no se basaban en ninguna revisión de antiguas fuentes sino en lo que él afirmaba que era una revelación directa de Dios.

La Iglesia de los Santos de los Últimos Días nunca publicó una versión de la Traducción de Joseph Smith. Nadie puede decir por qué, aunque algunas de las modificaciones de Smith contradicen otras escrituras de los Santos de los Últimos Días. Pero en tanto que la versión oficial de la Biblia que usan los mormones es la versión King James, la revisión de Smith se cita frecuentemente en las notas al pie y en las referencias cruzadas que se encuentran en las obras oficiales de los Santos de los Últimos Días.[11]

Sabemos que los Santos de los Últimos Días consideran a la Biblia como divinamente inspirada y que muchas de las doctrinas del Libro de Mormón se asemejan a enseñanzas bíblicas. Sin embargo, la elevación de otros libros a la condición de escrituras, unido a los esfuerzos de José Smith por revisar la Biblia, sugiere que la Biblia no cumple el mismo papel dentro del mormonismo que en el cristianismo histórico. En nuestro siguiente capítulo, le echaremos una mirada a la compleja relación que existe entre el Libro de Mormón y la Biblia.

6

OTRO TESTAMENTO DE JESUCRISTO

> ¿De qué forma se relaciona el Libro
> de Mormón con la Biblia?

El hijo de mi hermano, que está activo dentro de los Santos de los Últimos Días, en cierta ocasión mencionó la forma en que funciona para él el Libro de Mormón. Me contó que cierta vez algunos compañeros de la universidad (que en su mayor parte eran agnósticos o ateos) discutieron acerca de la confiabilidad de la Biblia y sus historias. Y relató así su respuesta:

> Estuve de acuerdo con ellos en que hay errores de traducción y cosas que se han perdido, pero tuve que marcar un límite. Recuerdo que les manifesté que una de las razones por las que creía en Dios y en Jesucristo tal como lo dice la Biblia no era solo a causa del testimonio de la Biblia, sino también por el testimonio del Libro de Mormón. Para mí, creer en el Libro de Mormón evita que descarte la Biblia en este mundo tan secularizado. De alguna manera, el Libro de Mormón les permite a los mormones racionalizar la extraña postura de admitir la falacia del texto bíblico tal como lo tenemos ahora, sin negar al mismo tiempo la relevancia de la Biblia, la existencia de Dios o la divinidad y el rol esencial de Cristo.

La experiencia de mi sobrino reproduce dos ideas básicas de los Santos de los Últimos Días con respecto a la Biblia. En primer lugar, que aunque se trate de escrituras divinas, la Biblia hoy no tiene exactitud y está incompleta. En segundo lugar, que el Libro de Mormón constituye un testigo que corrobora y apoya el mensaje bíblico. Pero una consideración más minuciosa de la relación que existe entre los dos libros sugiere que el Libro de Mormón puede haber tomado prestado mucho de su contenido directamente de la Biblia.

La introducción al Libro de Mormón lo señala como «un volumen de escrituras comparables a la Biblia», que «contiene, al igual que la Biblia, la plenitud del evangelio eterno». El estilo y el lenguaje del Libro de Mormón tienen reminiscencias de la versión King James de la Biblia (KJV). Cientos de frases del Libro de Mormón suenan como el eco de una formulación bíblica que nos es familiar. Se han insertado en su texto capítulos enteros de Isaías.[1] Muy al estilo de la Biblia, el Libro de Mormón está dividido en libros (titulados con el nombre de su autor) con capítulos y versículos. De hecho, los primeros convertidos al mormonismo fueron convencidos, en parte, porque el Libro de Mormón parecía confirmar la Biblia y ser confirmado por ella.[2]

«Creemos que la Biblia es la Palabra de Dios...»

El Libro de Mormón tanto valida como pone en cuestionamiento el estatus de la Biblia.[3] Los ocho Artículos de Fe resumen esa relación: «Creemos que la Biblia es la Palabra de Dios en tanto sea traducida correctamente; también creemos que el Libro de Mormón es la palabra de Dios».[4]

Vemos entonces que los Santos de los Últimos Días consideran como escrituras divinas tanto a la Biblia como al Libro de Mormón. En el plan de estudios para los alumnos secundarios de los Santos de los Últimos Días, se dedica un año al Antiguo Testamento, uno al Nuevo Testamento y otro al Libro de Mormón. Lo mismo sucede en las clases semanales de Escuela Dominical que se llevan a cabo en todas las congregaciones de los Santos de los Últimos Días.

El Libro de Mormón se presenta a sí mismo como confirmatorio de la Biblia, y no como su reemplazo. Cada Libro de Mormón publicado desde 1981 lleva como subtítulo:

«Otro testamento de Jesucristo». En 3 Nefi 23:1, Jesús les ordena a los nefitas a estudiar las palabras de Isaías. 1 Nephi 13:39-40, hablando del Libro de Mormón y la Biblia, predice: «Estos últimos anales que has visto entre los gentiles, establecerán la verdad de los primeros, que son los de los doce apóstoles del Cordero».

«... En tanto sea traducida correctamente»

Paradójicamente, el Libro de Mormón también presenta a la Biblia como un documento deficiente, tan mal manejado a través de los años que las verdades importantes se han perdido. 1 Nefi 13:26 predice «una iglesia grande y abominable» que va a corromper la Biblia al despojar al «evangelio del Cordero de muchas partes que son claras y sumamente preciosas, y también ha quitado muchas de las alianzas del Señor».

Sheri Armstrong. Imagen de BigStockPhoto.com

En tanto que los ocho Artículos de Fe echan dudas sobre la traducción de la Biblia, la verdadera cuestión parece ser la transmisión de la Biblia, la manera en que la Biblia ha sido copiada y transmitida. Durante siglos la Biblia se ha transmitido a través de escribas que han copiado el texto a mano. A pesar de haber realizado un trabajo meticuloso, se puede identificar una cantidad de típicos errores de copia. Los ojos a veces pierden de vista el lugar del que están copiando y saltan a la misma palabra en una línea distinta. Un copista puede agregar accidentalmente una palabra familiar o una frase de otro pasaje parecido que ha quedado guardada en su memoria.

Pero la implicancia de 1 Nefi 13 es que escribas corruptos intencionalmente han cambiado el texto bíblico para alterar su significado. Sin embargo, nadie puede demostrar que existan en la Biblia cambios de ese tipo. De hecho, al comparar los diversos manuscritos, se puede establecer que el texto bíblico es altamente confiable.[5] En la escuela de pos grado, estudié el texto de Isaías encontrado entre los Rollos del Mar Muerto, que antecedía en mil años a la copia más antigua conocida de este profeta. Aun después de haber pasado por más de diez siglos de copiado, los dos textos solo mostraban diferencias triviales. Lejos de que se hubieran quitado «partes que son claras y sumamente preciosas», ni siquiera se han visto afectadas las doctrinas bíblicas principales por el error de ningún escriba.

«¡Una Biblia! ¡Una Biblia! ¡Tenemos una Biblia!»

El Libro de Mormón también desafía a aquellos que sostienen que la Biblia es la revelación completa y final de Dios. 2 Nefi 29:3 predice: «Muchos de los gentiles dirán: ¡Una Biblia! ¡Una Biblia! ¡Tenemos una Biblia, y no puede haber más Biblia!» El pasaje argumenta que, dado que el mundo está formado por muchas naciones, podemos esperar que Dios hable a muchos pueblos diferentes. El versículo 10 concluye el caso con respecto a otras escrituras más allá de la Biblia: «Así que no por tener una Biblia, debéis suponer que contiene todas mis palabras; ni tampoco suponer que no he hecho escribir otras más».

De modo que la Biblia es descrita en el Libro de Mormón como corrompida e incompleta.

El Libro de Mormón en la Biblia

Los Santos de los Últimos Días creen que varios pasajes de la Biblia en realidad se refieren al Libro de Mormón. Por ejemplo, en Juan 10:16 Jesús les dice a sus discípulos: «También tengo otras ovejas que no son de este redil; aquellas también debo traer, y oirán mi voz» (RVR1960). Para los mormones, esas «otras ovejas» son los pueblos que aparecen en el Libro de Mormón. Sin embargo, la concepción tradicional, haciendo un corte transversal de la cristiandad, es que Jesús habla acerca de los gentiles que luego se reunirán con los judíos creyentes para formar un solo pueblo de Dios.

Isaías 29 les resulta especialmente significativo a los mormones. Ellos interpretan el versículo 4 como profetizando que el Libro de Mormón hará su aparición desde la tierra: «Entonces serás humillada, hablarás desde la tierra, y tu habla saldrá del polvo; y será tu voz de la tierra como la de un fantasma, y tu habla susurrará desde el polvo» (RVR1960). Los eruditos en Biblia entienden ese pasaje como una advertencia acerca de la arrogancia de Jerusalén. En una época orgullosa y altanera, la ciudad se vería privada de fortaleza y sería tan humillada que su voz solo podría oírse como un susurro débil que partía del polvo.

Isaías 29:11-12 también se comprende como prediciendo sucesos en torno al Libro de Mormón.

Y os será toda visión como palabra de libro sellado, el cual si dieren al que sabe leer, y le dijeren: Lee ahora esto; él dirá: No puedo, porque está sellado. Y si se diere el libro al que no sabe leer, diciéndole: Lee ahora esto; él dirá: No sé leer» (RVR1960).

Los mormones creen que describe la experiencia de Martin Harris. José Smith le dio a Harris una lámina con caracteres copiados de las planchas de oro, las que Harris le presentó al destacado erudito Charles

Anthon de la ciudad de Nueva York. Anthon negó que esos caracteres fueran auténticos. Pero para los mormones, el punto es que en tanto que Anthon (el hombre ilustrado) no los pudo leer, el iletrado Smith sí pudo. Pero, poniendo en contexto esos versículos, ellos describen el veredicto de Dios en contra del pueblo de Jerusalén. El versículo 10 (RVR1960) dice: «Jehová… cerró los ojos». Las verdades reveladas por los profetas se volvieron inaccesibles al pueblo: selladas para no ser comprendidas ni por los sabios ni por los ignorantes. Al contrario de la interpretación de los Santos de los Últimos Días, ni los ilustrados ni los analfabetos podrían leer el libro sellado.

Los Santos de los Últimos días también entienden Ezequiel 37 como una predicción sobre el Libro de Mormón. En los versículos 16 y 17, Dios le manda a Ezequiel que escriba en un palo «Para Judá» y en otro «Para José», y que junte los dos palos en uno. Eso simbolizaría la acción futura de Dios que se menciona en el versículo 19:

> He aquí, yo tomo el palo de José que está en la mano de Efraín, y a las tribus de Israel sus compañeros, y los pondré con el palo de Judá, y los haré un solo palo, y será uno en mi mano (Ezequiel 37:19, RVR1960).

Dibujo de caracteres del Libro de Mormón presentados al Dr. Charles Anthon a través de Martin Harris

El original se encuentra en los archivos de la Comunidad de Cristo.

En el pensamiento de los Santos de los Últimos Días el palo de Judá representa a la Biblia, las escrituras de los judíos. El palo de José representa las escrituras de los nefitas, que eran descendientes de José. La unión de los dos palos se cumplió cuando el Libro de Mormón hizo su aparición junto a la Biblia como palabra de Dios. Pero los versículos 21 y 22 explican que la profecía tiene que ver con la restauración del pueblo de Dios para volver a ser un solo reino.

> He aquí, yo tomo a los hijos de Israel de entre las naciones a las cuales fueron, y los recogeré de todas partes, y los traeré a su tierra; y los haré una nación en la tierra… y nunca más serán dos naciones, ni nunca más serán divididos en dos reinos (RVR1960).

Después de Salomón, el reino de Israel se dividió en dos: Israel (a veces llamado Efraín) y Judá. Con el tiempo, ambos fueron hechos cautivos por imperios extranjeros y también dispersados. Ezequiel 37 predice un tiempo en el que las dos naciones (al igual que los dos palos que las representan) se unirán en un solo reino.

La Biblia en el Libro de Mormón

Como ya se ha dicho, el Libro de Mormón contiene un extenso material en común con la Biblia. El primer tipo de contenidos compartidos consiste en simples repeticiones o citas directas, incluyendo frases frecuentes como «Y sucedió que…», o «De cierto, de cierto os digo».[6]

Un segundo tipo de paralelismo tiene que ver con cambios interpretativos de un texto bíblico. Por ejemplo, notemos que 2 Nefi 2:18 extiende el relato bíblico de la tentación de Eva. El material adicional es a su vez paralelo a Apocalipsis 12:9 y a Juan 8:44.

«Entonces la serpiente dijo a la mujer: No moriréis; sino que Dios sabe que el día que comáis de él, serán abiertos vuestros ojos, y seréis como Dios, sabiendo el bien y el mal».	Génesis 3:4-5 (RVR1960)
2 Nefi 2:18	«Y por haber caído del cielo, y por haber llegado a ser miserable para siempre, procuró igualmente la miseria de todo el género humano. Por tanto, esa antigua serpiente, que es el diablo, el padre de todas las mentiras, dijo a Eva: Come del fruto prohibido, y no morirás, sino que serás como Dios, conociendo el bien y el mal».

En tercer lugar, el Libro de Mormón contiene paralelos estructurales a los de la Biblia. Estos incluyen formas literarias, temas en común, tipos de caracteres, y tipos de sucesos similares. Por ejemplo, la conversión de Alma en Mosiah 27 tiene muchos rasgos en común con la historia de la conversión de Pablo en Hechos 9.

Alma	Pablo
Busca destruir a la iglesia	Persigue a la iglesia
Es confrontado en una visión por un ángel	Es confrontado en una visión por Jesús
Cae a tierra	Cae a tierra

Se le pregunta: «¿Por qué persigues a la iglesia de Dios?»	Se le pregunta: «¿Por qué me persigues?»
Queda mudo	Queda ciego
Se convierte en un fervoroso siervo de Cristo	Se convierte en un fervoroso siervo de Cristo

Todo ese contenido compartido hace surgir la pregunta acerca de si el material que comparten proviene de fuentes independientes o si José Smith en el Libro de Mormón simplemente copió texto tomado de la Biblia. Consideremos estas alternativas basados en dos casos específicos.

Primero: el discurso de Jesús a los nefitas (3 Nefi 12–14) tiene mucho en común con el Sermón del Monte (Mateo 5–7). Al comentar esas similitudes, uno de los eruditos de los Santos de los Últimos Días admitió que 3 Nefi resulta «tan descaradamente familiar que casi ruega ser etiquetado (y a menudo lo ha sido) como plagio simplista».[7] De hecho, el Libro de Mormón parece anticiparse a la acusación de que toma cosas prestadas en 2 Nefi 29:8: «¿Acaso no sabéis que el testimonio de dos naciones os es un testigo de que yo soy Dios, y que me acuerdo tanto de una nación como de la otra? Por tanto, hablo las mismas palabras, así a una como a otra nación». En ese caso, las similitudes entre 2 Nefi y Mateo pueden explicarse simplemente como resultado de que Jesús tuviera el mismo mensaje para sus discípulos de las dos naciones, a pesar de las diferencias significativas de los dos escenarios culturales.

Segundo: el Libro de Mormón también contiene más de diecinueve capítulos enteros en común con Isaías. De acuerdo con la historia, la gente de Lehi se llevó de Jerusalén una copia de las escrituras del Antiguo Testamento grabadas en tablas de bronce. Como resultado «muchas referencias a esas planchas, citando a Isaías y a otros profetas bíblicos y extra bíblicos aparecen en el Libro de Mormón».[8] Pero varias líneas de evidencia hacen surgir la cuestión de si no sería que

José Smith derivó los pasajes de Isaías directamente de la versión King James en lugar de tomarlos de una antigua fuente.

Consideremos solo un tipo de evidencias. La erudición bíblica ha avanzado muchísimo desde que se tradujo la versión King James. El descubrimiento de antiguas bibliotecas en lenguas estrechamente relacionadas con el hebreo bíblico nos ha dado una mejor comprensión del texto original de Isaías. Por lo tanto una cantidad de pasajes que les resultaban oscuros a los traductores de la versión King James son ahora más claros. Pero al considerar atentamente los pasajes de Isaías en el Libro de Mormón resulta evidente que algunos malos entendidos que encontramos en la versión King James también aparecen en el Libro de Mormón. Eso sugiere una relación directa entre ellos. ¿Podría haber sido que José Smith simplemente copiara esas porciones de Isaías de la Biblia?

En respuesta, algunos eruditos de los Santos de los Últimos Días proponen que Dios le permitió a Smith traducir en el idioma familiar de la versión King James siempre que concordaba sustancialmente con la versión de los nefitas. Otros afirman que el Libro de Mormón en ocasiones refleja mejor los manuscritos hebreos que aquellos de los que disponían los traductores de la versión King James. Pero muchos eruditos encuentran que los ejemplos que se dan no resultan convincentes. En cualquier caso, esos enfoques no explican de qué manera los errores de la versión King James encontraron la forma de introducirse en el Libro de Mormón.[9]

El extenso contenido que comparten la versión King James y el Libro de Mormón y la naturaleza de los paralelos producen la fuerte impresión de que el Libro de Mormón fue redactado a posteriori de la versión King James. Pero los Santos de los Últimos Días sostienen que la antigua proveniencia del Libro de Mormón se puede establecer de otras formas. En el capítulo 7 consideraremos si el Libro de Mormón fue redactado en el siglo diecinueve o en un pasado distante.

7

EN BUSCA DE UNA CIVILIZACIÓN PERDIDA

> ¿Es el Libro de Mormón realmente
> un libro antiguo?

Recuerdo el entusiasmo que me despertó, siendo adolescente, la invitación que recibimos una noche mi padre y yo para visitar las ruinas de América Central. Yo avizoré una aventura fascinante relacionada con poder descubrir las ciudades perdidas de las tierras que se mencionan en el Libro de Mormón. Nunca realizamos ese viaje, aunque miles de los Santos de los Últimos Días lo han hecho. Pero muchos otros han imaginado la travesía a través de los diversos libros ilustrados de los que disponen, en los que se comparan las historias del Libro de Mormón con los antiguos emplazamientos americanos.

Para los Santos de los Últimos Días, el Libro de Mormón constituye un antiguo registro de grandes ciudades, pueblos en guerra y el surgimiento y caída de naciones. Ellos buscan su marca en el paisaje de América. Pero la arqueología ha fracasado en desenterrar cualquier evidencia concreta que haga referencia al Libro de Mormón. Como reacción, los eruditos de los Santos de los Últimos Días buscan validar la antigüedad del libro a través de similitudes con el antiguo Oriente Medio. Otros ven una conexión más cercana entre el Libro de Mormón y la propia época de José Smith.

El testimonio silencioso de la arqueología

Desde un principio, los Santos de los Últimos Días han realizado varios intentos de reconstruir la geografía del Libro de Mormón sobre el mapa americano. El enfoque más común hoy es el que coloca gran parte de la historia en América Central y México, en la región conocida como Mezo América. Los autores mormones han publicado sugerencias muy elaboradas, completándolas con fotografías a todo color, con respecto a la forma en que las culturas mezoamericanas muestran un paralelo con los pueblos que aparecen en el Libro de Mormón.[1] Pero los escritores de los Santos de los Últimos Días admiten que todo eso es una pura conjetura. Un profesor de la Universidad Brigham Young lo señala así: «Nadie ha encontrado ninguna evidencia de inscripciones ni de restos materiales que se puedan asociar directamente con alguna de las personas, lugares o cosas mencionadas en el libro.»[2]

© Steve Estvanik. Imagen tomada de BigStockPhoto.com

Los Santos de los Últimos Días interpretan las antiguas ruinas de América Central como elementos de muestra relacionados con el Libro de Mormón.

Consideremos algunos ejemplos. Se habla de que los pueblos que aparecen en el Libro de Mormón usaban oro, plata, hierro, bronce y cobre. La minería, la fundición y el vaciado en moldes de los minerales metálicos requieren herramientas especiales y procesos complejos que dejan rastros en los registros arqueológicos. Pero los eruditos en general concuerdan que la metalurgia no fue introducida en Mezo América hasta varios siglos después de concluida la historia que narra el Libro de Mormón. Más aún, el Libro de Mormón menciona la utilización de espadas de acero. Pero las espadas de acero no fueron conocidas en Mezo América antes de la conquista española.[3]

El Libro de Mormón también habla de muchas clases diferentes de animales, mayormente de aquellas conocidas en el Viejo Mundo, como vacas, ovejas, cabras y caballos. Pero ninguno de todos estos se han encontrado en ningún enclave arqueológico que se remonte al tiempo del Libro de Mormón. A diferencia de los ciervos, jaguares, pecarís, tapires y otras especies nativas, el caballo nunca se ha encontrado dibujado en ninguna de las miles de muestras de arte mezoamericano, a pesar de su apariencia tan impresionante.[4]

El Libro de Mormón contiene anacronismos, o sea, sucesos u objetos que aparecen fuera del período apropiado en el que uno esperaría que estuvieran presentes. Solo por dar un ejemplo, Alma 16:13 describe que los evangelistas nefitas «salieron a predicar el arrepentimiento al pueblo… en sus sinagogas, las cuales ellos habían construido a la manera de los judíos». El Libro de Mormón menciona las sinagogas veinticinco veces. Pero las sinagogas fueron desarrolladas por los judíos cuatrocientos años después de que Lehí salió de Jerusalén. ¿Cómo podía el escritor conocer la manera en que los judíos construían sus sinagogas?

A los Santos de los Últimos Días, sacar a relucir cuestiones como estas probablemente les parezca un ataque «en contra de los mormones». No se espera que un investigador responsable ignore cuestiones genuinas que tienen que ver con la credibilidad del Libro de Mormón. Sin embargo, debe enfrentar esas cuestiones de una manera humilde y con sensibilidad.

La arqueología del Nuevo Mundo todavía es una ciencia joven. Quizá algún día se desentierre un objeto o inscripción que valide el Libro de Mormón. En contraste, la arqueología ha demostrado reiteradamente la confiabilidad geográfica e histórica de la Biblia. La utilización de los metales tal como se describe en la Biblia ha sido verificada en una cantidad de emplazamientos del Cercano Oriente. Un viajero de hoy puede visitar el emplazamiento de la antigua Capernaúm, en la que vivió Jesús, o Éfeso, por donde solía pasar el apóstol Pablo.[5]

Unos cuantos años atrás visité el Museo Británico en Londres. Allí pude observar una serie de enormes bloques de piedra de la antigua Nínive, tallados durante el reinado del rey asirio Senaquerib para conmemorar la derrota de la ciudad israelita de Laquis. Laquis se menciona en la Biblia, así como también se habla de la campaña militar de Senaquerib a Israel. Pero aun después de haber pasado décadas en las que se llevan realizados distintos trabajos arqueológicos en el Nuevo Mundo, me parece que lo mejor que los apologistas mormones logran hacer es crear un aura de plausibilidad sugiriendo vagas similitudes entre el Libro de Mormón y la antigua Mezo América.

Desmentido por el ADN

Recientes avances en la investigación del ADN han planteado desafíos a la comprensión tradicional de los Santos de los Últimos Días acerca de la procedencia de los indios americanos, lo que ha llevado a algunos a cuestionar la credibilidad de la historia de base del Libro de Mormón. La hipótesis predominante que prevalece dentro de la corriente científica es que todos los americanos nativos tienen un origen asiático. Esa opinión está sustentada por un amplio muestreo de ADN de las poblaciones indígenas americanas.

La postura tradicional de los Santos de los Últimos Días, que todavía defienden la mayoría de los mormones, es que, como hijos de Lehi, los americanos nativos son de un origen semítico. Los Santos de los Últimos Días lo creen así porque les fue enseñado por José Smith y porque constituye la manera más sencilla y directa de leer el texto del Libro de Mormón. Pero un examen amplio del ADN de los nativos americanos no aporta evidencia alguna de relación con pueblos semitas.

En tanto que algunos eruditos de los Santos de los Últimos Días declaran que los resultados de ADN no son concluyentes y, por lo tanto, no socavan la postura tradicional, otros han adoptado la hipótesis de que la mayoría de los americanos nativos son de origen asiático, en tanto que un pequeño subconjunto es semita. Si fuera así, los nefitas y lamanitas constituyeron solo una pequeña porción de la población del Nuevo Mundo durante la franja de tiempo que abarca el Libro de Mormón.[6]

Los pueblos de Centroamérica, ¿son descendientes de los lamanitas?

La Iglesia de los Santos de los Últimos Días aparentemente ha reconocido que la evidencia del ADN tiene cierto peso. Por ejemplo, la introducción a la edición de 1981 del Libro de Mormón identifica a los lamanitas como «los principales antepasados de los indios americanos». La edición de 2006 señala que los lamanitas «están entre los antepasados de los indios americanos»[7] Este cambio se acomoda al consenso científico presente, a expensas de la perspectiva tradicional de los mormones. Pero si los clanes nefitas y lamanitas no estuvieron solos en las Américas, parece extraño que el Libro de Mormón nunca mencione a los numerosos pueblos que debieron haber vivido en las tierras circundantes, y que con toda seguridad interactuaron con ellos.

Evidencia interna contra evidencia externa

Al faltar la evidencia externa, física, los eruditos de los Santos de los Últimos Días han dejado la pala y se han vuelto al libro, con la esperanza de establecer una antigua proveniencia para el Libro de Mormón a través de relacionarlo con textos y prácticas antiguas del Cercano Oriente. La idea es que si el Libro de Mormón refleja con exactitud elementos del Medio Oriente que José Smith no podía conocer y que no pueden ser rastreados en la Biblia, entonces se lo debería tomar con seriedad como un texto antiguo, aunque no cuente con pruebas arqueológicas.[8] Sin embargo, este enfoque puede resultar altamente especulativo. El pionero de este método, Hugh Nibley, lo explica de este modo:

> En tanto que los estudiantes del Libro de Mormón están dispuestos a admitir que no existe una evidencia directa y concreta al presente como para sustanciar algún vínculo con el antiguo Oriente Medio que se perciba en el libro, se puede aducir evidencia (mayormente externa y circunstancial) que exige respeto en lo referido a las afirmaciones del Libro de Mormón acerca de su antiguo trasfondo relacionado con el Cercano Oriente.[9]

Para un típico mormón, la evidencia circunstancial resulta suficiente. Aun cuando muchos de los paralelos no se sostengan al realizar una inspección más minuciosa, aquellos que ya están comprometidos con el Libro de Mormón los hallan convincentes. Su testimonio con respecto al Libro de Mormón se basa en una experiencia espiritual y no en una verificación externa. Por lo tanto, lo único que necesitan los eruditos de los Santos de los Últimos Días es proporcionar la suficiente argumentación como para reafirmar a los creyentes y mantener a raya a los críticos.

Evidencia literaria

El primer tipo de evidencia interna del Libro de Mormón tiene que ver con su lenguaje y estilo. Si los pueblos que aparecen en el Libro de Mormón procedían de Jerusalén, el lenguaje troncal detrás del libro debería ser el hebreo. Por lo tanto, los eruditos de los Santos de los Últimos Días creen que la presencia de patrones gramaticales y literarios de origen hebreo, llamados hebraísmos, proveen evidencia de su origen antiguo. El problema fundamental con este enfoque es que el Libro de Mormón solo está disponible en su forma traducida. Sin un documento original con el que compararlo, simplemente no se puede saber si los hebraísmos que observamos se arraigan en algún original hebreo o si son resultado de otros factores que tienen que ver con el texto en inglés.

Un ejemplo de hebraísmo en el Libro de Mormón es el quiasmo.[10] El quiasmo ocurre cuando se expone una serie de términos y luego se repiten en orden inverso, formando un efecto de reflejo semejante al de un espejo. Los elementos de un quiasmo siguen el patrón A^1-B^1-B^2-A^2, tal como en Isaías 6:10 (RVR1960):

A[1]: Engruesa el *corazón* de este pueblo,
    B[1]: y agrava sus *oídos*.
        C[1]: y ciega sus *ojos*
        C[2]: para que no vea con sus *ojos*,
    B[2]: ni oiga con sus *oídos*.
A[2]: ni su *corazón* entienda, ni se convierta, y haya para él sanidad.

Nadie discute que el quiasmo aparezca en el Libro de Mormón (ver Alma 41:13-14). ¿Pero refleja eso una base hebrea en el texto? Después de todo, el quiasmo no es excluyente de la lengua hebrea. Cada vez que una relación o acción recíproca se describe, o se repite una serie de cosas en un orden inverso, eso resulta un quiasmo. Aquella frase tan corriente: «Un lugar para cada cosa, y cada cosa en su lugar» es un quiasmo. Por lo tanto, un quiasmo puede surgir por coincidencia.

Y lo que es más, el conocimiento de José Smith del lenguaje bíblico puede dar cuenta del quiasmo que aparezca en sus escritos, sea intencionalmente o no. Eso explicaría la razón por la que encontramos quiasmo en los escritos de Smith que no pertenecen al Libro de Mormón. Permítanme dar solo un ejemplo de Doctrina y Pactos 3:2:

> A^1: Porque Dios no camina por senderos sinuosos,
>> B^1: ni gira a la mano derecha ni a la izquierda,
>> B^2: ni varía en lo que dice,
> A^2: por lo tanto sus senderos son rectos...

Una lectura superficial de Doctrinas y Pactos revela otros pasajes que cuentan con elementos de quiasmo, tales como la Sección 6:33-34 y la Sección 43:2-6. Dado que esas páginas no son ni antiguas ni hebreas en cuanto a su origen, ellas mismas disminuyen la relevancia que pueda tener el quiasmo en el Libro de Mormón.

Los apologistas afirman haber encontrado nombres en el Libro de Mormón que se hallan también en fuentes antiguas del Cercano Oriente pero no en la Biblia.[11] Por ejemplo, el nombre Alma aparece en documentos judíos de alrededor del año 132 d.C. Pero al no saber cómo se escribían esos nombres originalmente en hebreo, nadie puede decir a ciencia cierta si un nombre que aparece en el Libro de Mormón es en verdad paralelo a un nombre usado en el Cercano Oriente. Más aun, muchos de los nombres enumerados por los eruditos de los Santos de los Últimos Días fácilmente podrían derivarse de nombres bíblicos con una leve modificación: Sam, de Samuel; Josh de Josué (Joshua, en inglés); Sariah, de Sara; y así otros.[12]

Un desafío que se enfrenta al tratar de establecer paralelos literarios hebreos es que el Libro de Mormón está plagado de lenguaje tomado de la Biblia. Como se ilustró acerca del quiasmo, la mayoría de los hebraísmos identificados en el Libro de Mormón también se pueden encontrar en los escritos modernos de José Smith.[13] Eso sugiere que aquellas formas lingüísticas no provienen de una fuente hebrea antigua sino que Smith, consciente o inconscientemente, ha imitado el lenguaje de la Biblia.

Paralelos de antiguas prácticas

Para establecer que el Libro de Mormón es una obra antigua, los eruditos de los Santos de los Últimos Días señalan algunos paralelos entre sucesos y prácticas descritos en sus páginas y otras prácticas similares del antiguo Cercano Oriente. Entonces se dice que la coronación de Mosiah como rey nefita (Mosiah 2-5) se corresponde en treinta de los puntos clave típicos con los rituales de coronación del Cercano Oriente. Eso incluye la costumbre de presentar costosos regalos, la erección de una tarima elevada para el orador, de modo que el rey resultara visible, la emisión de un discurso extenso, y la obligación que tenía la gente de dar respuestas en forma de coro.[14] Pero en un análisis más minucioso, algunas de la similitudes muestran solo semejanzas superficiales y no se las puede considerar verdaderos paralelos.

Otros paralelos se pueden explicar a través de las circunstancias que les son comunes. Por ejemplo, la naturaleza de cualquier evento de coronación sugiere el hecho de que se hagan regalos, y la reunión de una gran multitud llevaría a construir alguna estructura que permitiera que el orador resultara visible.

Los Santos de los Últimos Días encuentran paralelos significativos entre la travesía de Lehi por el desierto en el Medio Oriente (1 Nefi) y las prácticas árabes antiguas. Por ejemplo, así como Lehi huyó de Jerusalén, temiendo la persecución de enemigos políticos, algunos documentos palestinos antiguos describen la forma en que la gente rica escapó de Jerusalén bajo circunstancias similares. Pero esa misma acción hubiera tenido lugar en cualquier era o cultura bajo circunstancias similares. El hecho de que Lehi viviera en una tienda se ve como un paralelo con los sheiks de Medio Oriente, para quienes la tienda constituye el centro de la vida. Pero, ¿no es probable que habitara en tiendas cualquiera que llevara una existencia nómada? Para resultar válido, un potencial paralelo debe ser lo bastante específico como para que no se pueda explicar por las situaciones generales de la experiencia humana.[15]

Otros paralelos propuestos resultan simplemente espurios. Por ejemplo, uno de los escritores de los Santos de los Últimos Días señala que en 1 Nefi, «Lehi describe vívidamente un *sayl*, una corriente repentina de "agua sucia" que sale de un *wadi*, o lecho seco de un arroyo, y que puede llevarse todo el campamento (1 Nefi 8:13; 12:16); o sea, un acontecimiento común en el área por la que él viajaba».[16] Esta afirmación lleva al lector a suponer que Lehi estaba describiendo un fenómeno corriente en Arabia. Si así fuera, eso conectaría la historia de Lehi con un lugar real. Pero de hecho, Lehi vio el río en una visión. Nada en aquella descripción vincula el río que él vio con un wadi o con una corriente repentina de ninguna manera. Afirmar que «Lehi describe vívidamente un *sayl*» va mucho más allá de lo que el texto del Libro de Mormón dice en realidad, para poder llegar a la conclusión que el apologista ya tiene en mente.

¿Un texto del siglo diecinueve?

Desde su publicación, los observadores han notado que el Libro de Mormón contiene numerosos paralelos con la vida norteamericana del siglo diecinueve. En el capítulo 1 mencioné a Alexander Campbell, un destacado teólogo norteamericano de tiempos de José Smith. En su revisión del Libro de Mormón, Campbell notó que Smith había incluido en el libro «cada error y casi toda verdad que se ha estado debatiendo en Nueva York durante los últimos diez años».

Él define sobre todas las grandes controversias: el bautismo de niños, la ordenación, la trinidad, la regeneración, el arrepentimiento, la justificación, la caída del hombre, la expiación, la transubstanciación, el ayuno, la penitencia, el gobierno de la iglesia, la experiencia religiosa, el llamado al ministerio, la resurrección general, el castigo eterno, quién puede bautizar, y aun las cuestiones de la francmasonería, el gobierno republicano y los derechos del hombre. A todos esos tópicos se hace repetida alusión.[17]

Como lo observaba Campbell, el Libro de Mormón refleja los temas políticos y teológicos de Norteamérica en el siglo diecinueve. Ofrece una guía en cuanto a democracia, la práctica del capitalismo, y diversas controversias protestantes. Algunos eruditos ven paralelos entre algunas sociedades secretas del Libro de Mormón (los ladrones de Gadianton) y algunas cuestiones contemporáneas de la francmasonería en ese tiempo. Y muchos consideran la advertencia de 1 Nefi 13 con respecto a «una iglesia grande y abominable» un paralelo con la propaganda anti católica de la década de 1830.

Los sermones de los profetas nefitas constituyen un eco de las formas y lenguaje de los evangelistas del siglo diecinueve. Las experiencias de conversión descritas en el Libro de Mormón son semejantes a los despertares espirituales sobre los que frecuentemente informaban los movimientos de renovación de principios de 1800.[18] ¿Por qué tendrían que vincularse de un modo tan cercano los contenidos de una antigua obra con las preocupaciones de una generación específica de norteamericanos?

Batalla por la cuestión de los paralelos

Los eruditos de los Santos de los Últimos Días rebaten todo eso diciendo que, al ser una traducción, cabría esperar que el Libro de Mormón reflejara el tiempo y el lugar en el que fue traducido. Reconocen muchos de los paralelos citados, pero argumentan que, en lugar de ser cuestiones propias de la Norteamérica del siglo diecinueve, estos reflejan asuntos que tienen que ver con la vida humana. Aseveran que en aquellas partes en que el Libro de Mormón habla directamente de los particulares del medioambiente de José Smith, eso constituye evidencia del poder profético del libro. A los mormones no les sorprende que se hayan abordado cuestiones concretas de la vida norteamericana si la intención de Dios era que el Libro de Mormón le hablara a la generación de Smith. Desde esa perspectiva, los paralelos en realidad confirman la exactitud profética del Libro de Mormón.[19]

Finalmente, la cuestión es: ¿Qué paralelos resultan más convincentes? ¿Aquellos que vinculan el Libro de Mormón al antiguo Cercano Oriente, o los que lo conectan con el contexto norteamericano de José Smith? Tomando en cuenta todo, o sea la evidencia de la arqueología, los paralelos literarios y los anacronismos del siglo diecinueve, la gente que aún no está convencida acerca de las afirmaciones del Libro de Mormón tiene razones para dudar de que sea un libro antiguo.

Una razón por la que aquellos que son fieles a los Santos de los Últimos Días están convencidos de que el Libro de Mormón es una escritura antigua es la forma en que este impacta sus vidas. Hasta aquí hemos considerado los contenidos del Libro de Mormón y evaluado algunas de sus afirmaciones controversiales. Nuestra investigación no sería completa sin considerar de qué manera los Santos de los Últimos Días utilizan y experimentan el Libro de Mormón en sus vidas diarias, cosa que haremos en el siguiente capítulo.

CAPÍTULO

8

LA PIEDRA ANGULAR DE LA FE MORMONA

> ¿De qué manera usan los Santos de los
> Últimos Días el Libro de Mormón?

Cuando Carma Naylor estuvo sirviendo como misionera mormona en Nueva Zelanda, a menudo escuchaba a los otros misioneros testificar acerca de su certidumbre en cuanto a que la Iglesia de los Santos de los Últimos Días era verdadera y que José Smith era un profeta de Dios. Ella anhelaba tener algún tipo de experiencia espiritual que le diera la misma seguridad.

> Estaba muy deseosa de que el Señor me diera alguna confirmación especial por el Espíritu Santo con respecto a la veracidad del Libro de Mormón. Cada mañana leía el Libro de Mormón sobre mis rodillas junto a la cama, orando por tener esa experiencia. Finalmente, luego de varias semanas, mientras leía en el Libro de Mormón las palabras del rey Benjamín referidas al servicio y a la humildad… una fuerte emoción, una sensación de calidez, bondad y amor me invadió al pensar en mi familia, allí en mi hogar, combinado con las hermosas palabras del Libro de Mormón. Llegué a la conclusión de que ese amor que sentía era el Espíritu Santo que me confirmaba la veracidad del Libro de Mormón… Esa fue una sensación de felicidad que me recorría toda y me hacía sentir de algún modo débil y mareada. A causa de esa experiencia supe que el Libro de Mormón era verdad y

pude testificar de ello. Había recibido el testimonio espiritual que buscaba y anticipaba ansiosamente.[1]

Los Santos de los Últimos Días estudian el Libro de Mormón para aprender lecciones importantes para sus vidas. El libro le da forma a su identidad y cultura. Pero la experiencia de Naylor ilustra lo que podría constituir el rol central del Libro de Mormón: catalizar una experiencia espiritual que valide a José Smith y a la Iglesia de los Santos de los Últimos Días.

«El libro más correcto»

En el capítulo 1, cité una afirmación de José Smith que refleja el sentimiento de los Santos de los Últimos Días con respecto al Libro de Mormón: «Les dije a los hermanos que el Libro de Mormón era el más correcto de todos los libros sobre la tierra, y la piedra fundamental de nuestra religión, y que un hombre se iría acercando mucho más a Dios al cumplir sus preceptos que a través de cualquier otro libro».[2]

Los Santos de los Últimos Días entonces leen el libro esperando acercarse más a Dios y crecer en rectitud cuando lo abordan con fe y en oración. Los líderes de los Santos de los Últimos Días alientan a sus miembros a leer el libro, a seguir sus enseñanzas, y a compartirlas con otros. Recientemente, su presidente, Gordon B. Hinckley, le planteó al pueblo mormón el desafío de leer un capítulo y medio por día para poder acabar el Libro de Mormón en el término de un año:

Sin ningún tipo de reservas, puedo prometerles que si cada uno de ustedes observa este simple programa, independientemente de la cantidad de veces que hayan leído con anterioridad el Libro de Mormón, vendrá a sus vidas y hogares una medida mayor del Espíritu del Señor, una resolución más firme de caminar en obediencia a sus mandamientos, y un testimonio más fuerte de la realidad viva del Hijo de Dios.[3]

En respuesta a ello, mi hermana y su familia leyeron el Libro de Mormón en voz alta como familia cada día de ese año.

Por lo general, el Libro de Mormón se estudia en forma individual o familiar. Algunos de los Santos de los Últimos Días marcan las páginas con lápices de colores o hacen anotaciones en los márgenes. Muchos utilizan suplementos para el estudio, los que consiguen en las librerías de los Santos de los Últimos Días. Es raro que algún grupo se reúna de manera informal para analizar el Libro de Mormón, a diferencia de los tradicionales grupos cristianos de estudio bíblico. Pero el Libro de Mormón constituye una materia regular en la Escuela Dominical y en las clases de los seminarios. Los líderes de los Santos de los Últimos Días no predican sobre el Libro de Mormón como lo hacen los pastores protestantes sobre la Biblia, aunque sus principios integran muchas de sus charlas.

Nefi escribió que en la enseñanza «apliqué las Escrituras a nosotros mismos para nuestro provecho e instrucción» (1 Nefi 19:23). «Aplicar las escrituras» es una frase típica de los Santos de los Últimos Días, y describe la manara en que, al ir leyendo, uno se ubica dentro del texto para visualizar las propias situaciones de la vida de uno en las páginas del libro. Los Santos de los Últimos Días tienen una gran confianza en que el Libro de Mormón les proveerá sabiduría para la vida. Creen que los escritores del Libro de Mormón vieron de antemano el mundo moderno e incluyeron conscientemente material que nos hablaría en los tiempos presentes. Ellos esperan recibir el impulso del Espíritu Santo mientras leen. Por lo tanto, un profeta mormón anterior y ex presidente de la iglesia, Ezra Taft Benson, les prometió:

> Hay un poder [en el Libro de Mormón] que comenzará a fluir en sus vidas desde el momento en el que comiencen un estudio serio del libro. Encontrarán mayor poder para resistir la tentación. Encontrarán poder para evitar el engaño. Encontrarán el poder para mantenerse en la senda estrecha y ajustada. Las escrituras se llaman «las palabras de vida» (ver Doctrina y Pactos 84:85), y en ningún lugar resulta eso más verdadero que en el Libro de Mormón. Cuando comenzamos a tener hambre y sed de esas palabras, encontramos una vida cada vez más abundante.[4]

Darle forma a una subcultura

No todos los Santos de los Últimos Días estudian el Libro de Mormón con tanta entrega. Aun así, el libro ejerce una influencia formativa poderosa sobre todos los aspectos de la vida de los mormones. A los niños varones se les da el nombre de Alma y Moroni por los personajes del Libro del Mormón. Miles de mormones que han crecido en los pueblos de Utah llevan nombres como Manti y Nefi, tomados del Libro de Mormón. El libro proporciona el argumento para varias de las festividades anuales que les cuentan la historia a los fieles para fortalecer sus raíces e ideales como pueblo. Toda esa puesta en escena, a su vez, alimenta un gran interés en los Santos de los Últimos Días por el teatro, la música y la danza.

El Libro de Mormón refuerza el concepto de «sucesos fundacionales o generativos» que conforman la identidad del grupo y «los une en una comunidad».[5] Estos les recuerdan los valores clave, que incluye la revelación personal y la profecía de los tiempos modernos. Sus personajes constituyen un modelo acerca de que el testimonio de la verdad espiritual tanto se recibe como se comparte. Los héroes y villanos del libro proporcionan los estereotipos a través de los que se puede juzgar tanto a las personas como a las instituciones del mundo, y al mismo tiempo proveen un ejemplo de los principios fundacionales para cada nueva generación:

> Para los niños de los Santos de los Últimos Días, el Libro de Mormón constituye una fuente de historias y héroes semejantes a los de la Biblia... Esos niños cuentan y cantan con entusiasmo acerca del ejército de jóvenes varones fieles conducidos por Helamán (Alma 56:41-50); sobre el coraje del profeta Abinadi ante el malvado rey Noé (Mosiah 11—17); de Nefi y su fidelidad inconmovible (1 Nefi 3—18); de Abish, una mujer lamanita que durante muchos años pareció ser la única creyente en Cristo dentro de la corte del rey Lamoni, hasta que Ammon, el misionero, les enseñó el evangelio al rey y a la reina (Alma 19); y de las apariciones de Jesús a los nefitas (3 Nefi 11—28). Hay muchas historias favoritas. El libro se usa para enseñarles doctrina a los niños, proveerles ejemplos de vida al estilo de Cristo, y recordarles el gran amor de Dios y la esperanza que hay para todos sus hijos.[6]

La influencia del Libro de Mormón sobre la cultura de los Santos de los Últimos Días queda demostrada por la cantidad de productos de consumo que ha inspirado. Uno puede comprar una chomba adornada con el ángel Moroni, o una remera impresa con una cita del Libro de Mormón. Uno puede regalarle a su hija una pequeña figura del Libro de Mormón para colocar en su pulsera, o hacer que su hijo disfrute de un juguete con la figura de Nefi en acción. La familia puede entretenerse con juegos como «Búsquedas en el Libro de Mormón» o «Los colonos de Zarahemla». El Libro de Mormón ha inspirado un género de ficción para los jóvenes, algunas películas, y toda una serie de videos de aventuras en animación. Los Santos de los Últimos Días utilizan estos productos para declarar y fortalecer su lealtad al Libro de Mormón y a todo lo que este representa.

Validación de la verdad

Mi sobrino mormón y su esposa me dicen que el rol más importante del Libro de Mormón es «convencer al judío y al gentil de que Jesús es el Cristo, el Dios Eterno».[7] El libro mismo espera que sus lectores busquen una experiencia espiritual que les convenza de lo veraz de su mensaje, para así validar la misión de Joseph Smith. Afirma Moroni 10:4:

> Y cuando recibas estas cosas, te exhortaría que pidas a Dios, el Padre Eterno, en el nombre de Cristo, si estas cosas no son verdad; y si pidas con un corazón sincero, con verdadero propósito y con fe en Cristo, él te manifestará la verdad, por el poder del Espíritu Santo.

AP Photo/Al Behrman

Las figuras de acción tomadas del Libro de Mormón captan la imaginación de los niños de los Santos de los Últimos Días.

El libro audazmente invita a dar una respuesta; no a evaluar sus ideas, doctrinas o historicidad, sino a preguntarle a Dios si es verdadero, con la sincera expectativa de que Dios no dejará de hacernos conocida su fidelidad a través de medios sobrenaturales.

Esta invitación se dirige a aquellos que han crecido dentro del mormonismo. A los jóvenes se los impulsa a «alcanzar el testimonio» por ellos mismos, a través de leer el Libro de Mormón y orar acerca de él. Ese testimonio espiritual resulta una experiencia formativa crucial a través de la que aquellos que han sido criados en esa fe se convierten a ella individualmente. «Para millones de Santos de los Últimos Días, su experiencia más importante con el Libro de Mormón ha sido el conocimiento espiritual que han recibido acerca de su veracidad».[8]

Esa experiencia fundacional se ve reforzada con frecuencia en la vida social de los mormones. Por ejemplo, en las reuniones de la iglesia de manera regular se programan tiempos en los que los miembros puedan transmitir abiertamente el testimonio que han recibido y escuchar el testimonio confirmatorio de otros.

La invitación también se les dirige a los potenciales convertidos que investigan el mormonismo. El Libro de Mormón constituye la más importante herramienta misionera de la Iglesia de los Santos de los Últimos Días. «Todos los misioneros alientan a aquellos con los que se contactan a que lean el libro y oren sobre él como forma de recibir su propio testimonio de parte de Dios acerca de la veracidad del Libro de Mormón».[9]

Esta experiencia de recibir un testimonio resulta decisiva. Si el Libro de Mormón se acepta como escritura divina, entonces es posible, y hasta necesario, aceptar la autoridad espiritual de José Smith.[10] Las dudas y críticas con respecto al Libro de Mormón o al mormonismo se resuelven apelando a esa experiencia confirmatoria. En varias ocasiones algunos de los Santos de los Últimos Días me han dicho: «No me interesa la evidencia que me presente. Yo simplemente *sé* que el Libro de Mormón es verdadero».

¿Cómo conocemos la verdad?

Respondiendo a eso, quiero señalar que creo que la experiencia por sí sola es una prueba inadecuada de la verdad. En la mayor parte de los casos, una experiencia simplemente validará lo que ya esperamos que diga. Y es más, las experiencias emocionales pueden ser disparadas por muchas circunstancias diferentes. Los sentimientos que pueden validar el Libro del Mormón son similares a los que cualquiera experimenta en momentos de intimidad familiar o que experimenta un soldado que regresa a su hogar. Pero esos acontecimientos no necesariamente tiene un significado espiritual ni un carácter de revelación.

La Biblia nos enseña a evaluar la verdad comparando las afirmaciones que se hacen sobre ella con la norma de las Escrituras. Por ejemplo, 1 Juan 4:1–3 nos advierte, a la luz del predominio que hay de falsos profetas, que «probemos los espíritus». La clase de prueba que se señala no tiene que ver con una experiencia sino con una comparación, cotejando la verdad doctrinal. La experiencia en verdad juega un rol dentro de la vida cristiana. Nuestras experiencias espirituales forman parte de la validación total de nuestra fe. Sin embargo, la experiencia debe estar subordinada a la verdad revelada en la Biblia.

Carma Naylor descubrió la limitación de su experiencia espiritual años después de haber acabado su misión entre los Santos de los Últimos Días. Con el tiempo, ella dejó el mormonismo para seguir el cristianismo histórico y bíblico. Al reflexionar sobre el testimonio recibido al estar con los Santos de los Últimos Días, ahora comprende lo sucedido bajo una luz distinta:

Cuando experimenté ese sentimiento de bienestar siendo misionera, lo que yo buscaba era una sensación de bienestar o algún tipo de señal espiritual que me convenciera de que el Libro de Mormón era verdadero… Entonces, lo que deseaba y esperaba era un testimonio sobre el Libro de Mormón, de modo que pudiera testificar que sabía que era verdad. Como misionera había sido enviada para eso. La presión que había sobre mí era poder decir: «Sé que el Libro de Mormón es verdadero y que José Smith fue un profeta en verdad». Ahora, sin embargo… yo estoy comprometida solo con la verdad de Dios, en lugar de sentirme comprometida con mi iglesia y con la necesidad de ser una buena misionera. ¡Eso fue lo que marcó la diferencia![11]

Si tenemos oportunidad de hablar con algún amigo que pertenece a los Santos de los Últimos Días acerca del Libro de Mormón, es muy probable que ese amigo nos invite a leer el libro y aun a orar para recibir un testimonio sobre él. ¿Deberíamos leer el Libro de Mormón? ¿Cómo tendríamos que tratar el asunto con los Santos de los Últimos Días? Hemos adquirido bastante comprensión con respecto al Libro de Mormón al leer este libro. Ahora, en el capítulo 9, permítanme darles algunos consejos sobre cómo hablar con sus conocidos de los Santos de los Últimos Días acerca de lo que han aprendido.

CAPÍTULO

9

CON AMABILIDAD Y RESPETO

¿De qué manera podemos hablarles a los Santos de los Últimos Días sobre el Libro de Mormón?

Les pedí a los miembros de mi familia que pertenecen a los Santos de los Últimos Días que me ayudaran a prepararme para este libro comunicándome sus experiencias y perspectivas acerca del Libro de Mormón. Con aquellos que estuvieron dispuestos, tuve algunas encantadoras conversaciones informativas. Pero cuando comencé a tocar las cuestiones controversiales, aunque con amabilidad, la conversación se fue extinguiendo. Todos nosotros nos mostramos protectores de nuestras amadas creencias.

Pero los Santos de los Últimos días también tienen una historia de persecuciones y críticas, junto con la conciencia de ser diferentes. Al crecer en nuestro conocimiento del Libro de Mormón, es posible que tengamos oportunidad de conversar sobre él con algunos conocidos que pertenezcan a los Santos de los Últimos Días. Eso puede llevarnos a que haya ocasión de transmitirles acerca de nuestra fe en Cristo. La forma en que manejemos esa conversación nos abrirá una puerta de comunicación o erigirá un muro entre nosotros y nuestros visitantes mormones.

Las opciones básicas

Comencemos por revisar algunas de las evidencias que hemos considerado a través del libro para ver dónde nos conducen. Tengamos en mente que las diferentes suposiciones conducen a diferentes interpretaciones de las evidencias, lo que resultará en distintas conclusiones sobre el Libro de Mormón.[1] Como lo hemos visto, la mayor parte de los Santos de los Últimos Días cree que el Libro de Mormón es una escritura divinamente inspirada, un antiguo registro que le fue dado a José Smith a través del ángel Moroni para ser traducido por el don y el poder de Dios. Ellos consideran improbable que una persona como Smith, con poca educación, pudiera haber escrito un libro de la complejidad y coherencia interna que tiene el Libro de Mormón. Citan el testimonio de testigos confiables que afirman haber visto y tocado las planchas de oro. Ellos también señalan paralelos entre el Libro de Mormón y la antigua cultura e idioma del Medio Oriente, que sugieren que el libro tiene un origen antiguo. Ven el crecimiento y el entusiasmo que existe dentro del mormonismo como validando toda la historia de José Smith.

José Smith

Usado con permiso, Sociedad Histórica del Estado de Utah; derechos reservados.

Otra corriente de pensamientos señala que Smith redactó el Libro de Mormón por sí mismo, recurriendo a fuentes de la literatura contemporánea. Aquellos que sostienen esta postura señalan los paralelos significativos que tiene el libro con temas y cuestiones que se dieron en

Norteamérica durante el siglo diecinueve. Notan los cambios y las inconsistencias en los relatos de Smith con respecto a sus visiones, junto con una cosmovisión mágica y prácticas en ese sentido, a partir de las que surgió la historia. Perciben la aparente dependencia del Libro del Mormón con respecto a la versión King James de la Biblia, y al mismo tiempo la falta de evidencias arqueológicas sobre el Libro de Mormón. Señalan que la innata imaginación e ingenio de Smith y la historia de visiones que tenía su familia son lo que da cuenta acerca de la manera en que pudo haber sido escrito el libro. Algunos hasta sugieren que recibió ayuda de una fuente desconocida. Entienden que si Smith escribió el Libro de Mormón por su cuenta, no era sino un charlatán. Pero otros mencionan que él bien pudo haber creído que su escrito venía de Dios; o que lo redactó por motivos piadosos.

Una tercera teoría es que Smith escribió el Libro de Mormón sin tener conciencia ni intención de hacerlo, en un estado de disociación psicológica. Diversos escritores sugieren distintos ángulos en cuanto a esta perspectiva: o Smith tuvo alucinaciones inducidas por una epilepsia, o ingirió plantas que le activaron la psiquis, o trabajó bajo alguna forma de sugestión hipnótica, o algún tipo de «escritura automática» se despertó en el inconsciente de su cerebro.[2] Un problema que tiene este enfoque es la gran dificultad para evaluar el estado de ánimo o la vida interior de alguien a una distancia de casi doscientos años. Lo variable de las teorías muestra la subjetividad de este enfoque psico biográfico en lo que hace a la autoría del Libro de Mormón.[3]

Otra perspectiva es que Smith haya escrito o recibido el Libro de Mormón como producto directo de un engaño demoníaco. La Biblia acepta la posibilidad de que Satanás se disfrace como un «ángel de luz» para engañar (2 Corintios 11:13–15). Si Smith mismo fue genuinamente engañado, él les pasó a sus seguidores algo que sinceramente consideraba verdadero, pero que resultó falso. Pero las teorías de las alucinaciones o de las falsas visiones fallan porque no tienen en cuenta la evidencia física. Por ejemplo, muchas personas informaron haber palpado un objeto que había en casa de Smith debajo de un paño, o haberlo levantado mientras estaba cubierto con un paño.[4] Aparentemente, existió algún objeto, fueran planchas de oro desenterradas por Smith del Monte Cumora o algún tipo de réplica creada por él para sustentar su historia. Si así fuera, eso apoya la postura de aquellos que creen que el Libro de Mormón es verdadero, o la de aquellos que ven en esto una mentira consciente de José Smith.

Cómo manejar los desacuerdos

Las personas que sostienen diferentes puntos de vista acerca del Libro de Mormón con frecuencia tienen dificultad para hablar las unas con las otras. Dado lo significativo que resulta para mucha gente y las controversias que suscita acerca de su naturaleza y orígenes, las conversaciones sobre el Libro de Mormón pueden recalentarse emocionalmente. Ese no necesariamente tiene que ser el caso.

Recordemos que para nuestros amigos de los Santos de los Últimos Días, la evidencia final en cuanto al Libro de Mormón es una experiencia espiritual. Todas las otras líneas de argumentación meramente confirman lo que los mormones declaran conocer por revelación directa. No debemos sentirnos frustrados cuando los puntos que señalamos no parecen llegarles. Nuestros amigos pueden fácilmente desestimar lo que nosotros pensamos que constituye un argumento fuerte simplemente porque los Santos de los Últimos Días consideran que lo que tiene más peso es el testimonio personal. Además, la mayoría de los mormones no tienen siquiera conciencia del tipo de cuestiones que se han presentado en este libro, ni han reflexionado sobre ellas.

De hecho, no creo que la mayoría de los mormones deseen conocer estas cuestiones o pensar sobre ellas. Según mi experiencia, el más grande temor que tiene una persona fiel entre los Santos de los Últimos Días es caer en apostasía. Los mormones protegen su testimonio de lo que ellos consideran la perspectiva preocupante de perderlo. Así que si nuestros amigos mormones desestiman nuestros argumentos, en parte puede ser porque los hacen sentirse vulnerables. Manejemos estos temas controversiales con delicadeza.

No olvidemos lo significativo que es el Libro de Mormón para los Santos de los Últimos Días. El libro constituye el corazón de su identidad y cultura. Ellos valoran sus historias y principios, honran a sus héroes, aman su descripción de Jesucristo, y encuentran aliento en sus promesas de salvación y revelación personal. Puede ser que nosotros no consideremos nuestros comentarios como un ataque al Libro de Mormón, pero nuestros amigos mormones muy bien podrían considerarlo así. Después de todo, recordemos cómo nos sentimos cuando alguien desafía las creencias que para nosotros son muy queridas.

Los mormones fueron maltratados y amenazados con frecuencia a través de su historia temprana. Aun hoy, los Santos de los Últimos Días se sienten perseguidos cuando sus críticos tergiversan sus creencias y prácticas, o cuando presentan una perspectiva sensacionalista acerca del mormonismo. Entonces, cuando nosotros hablamos con alguno de los Santos de los Últimos Días con respecto a su fe, ellos esperan ser condenados y que se menosprecien sus perspectivas. Quizá los Santos de los Últimos Días sean demasiado rápidos para ponerse a la defensiva cuando otros están en desacuerdo con ellos. Pero si comprendemos las sospechas que los asaltan, eso nos mostrará la importancia de seguir el consejo de 1 Pedro 3:15, RVR1960: «Estad siempre preparados para presentar defensa con mansedumbre y reverencia ante todo el que os demande razón de la esperanza que hay en vosotros».

Como lo sugiere este versículo, oramos para que nuestros amigos mormones puedan tener la oportunidad de comprender la esperanza que tenemos en Jesús. Sin embargo, los cristianos tradicionales están en desacuerdo con los Santos de los Últimos Días sobre muchas cuestiones fundamentales, tales como la autoridad de la Biblia, la naturaleza de Dios, y el significado de la salvación. Aun así, podemos compartirles nuestra perspectiva con respeto, buscando comprender verdaderamente su punto de vista, evitando un lenguaje incendiario, y no burlándonos nunca de lo que ellos consideran muy querido. Podemos hablarles con amabilidad, expresando nuestra manera de ver con humildad y sin enojo, procurando evitar las ofensas innecesarias. Esa clase de urbanidad construye la confianza, y hace posible que comprendamos genuinamente a nuestros amigos mormones y que ellos escuchen en verdad lo que les decimos.

Sensibilidad con respecto a Smith

Los Santos de los Últimos Días usan el Libro de Mormón para establecer la autoridad de José Smith. Pero a su vez, la credibilidad de Smith también afecta la manera en que percibimos la validez del Libro de Mormón. Si es así, necesitamos conocer algo con respecto a tres cuestiones en particular. Lo primero es acerca de la actuación de Smith como profeta. Según Deuteronomio 18:21–22, un profeta puede ser probado según se cumplan sus profecías o no. Varias predicciones específicas de Smith no se cumplieron, arrojando dudas en cuanto a si es que en verdad él hablaba de parte de Dios.[5]

La segunda cuestión tiene que ver con la trayectoria de Smith como traductor. Su traducción del Libro de Abraham no concuerda con el papiro egipcio del cual la derivó. En otra ocasión, se le presentaron a Smith unas planchas de metal grabadas con caracteres irreconocibles, que se conocieron como las planchas Kinderhook. Eran fraudulentas, pero Smith no se dio cuenta. La gente más cercana a él informó que en realidad él había comenzado a traducirlas.[6]

Un tercer tema problemático tiene que ver con que Smith practicaba la poligamia secretamente. Él anunció haber recibido una revelación ordenándole practicar el matrimonio plural (Doctrinas y Pactos 132). Sobre esa base, se casó secretamente con treinta y tres mujeres, incluyendo varias que ya estaban casadas con otros hombres en ese momento. Durante todo ese tiempo, Smith oficialmente negó cualquier asociación con tal práctica. La revelación no se hizo pública hasta después de la muerte de Smith, cuando los mormones se habían establecido en Utah.[7]

Sin embargo, yo no me apresuraría a sacar a relucir esas cuestiones con un amigo que pertenezca a los Santos de los Últimos Días. Los mormones tienen ideas muy firmes de reverencia y admiración por José Smith como líder inspirado, profeta ungido de Dios y valiente mártir de Cristo. Si criticamos a Smith, ellos se sentirán atacados. Yo analizaría los problemas acerca de José Smith solo cuando el trato hubiera alcanzado un nivel alto de relación y confianza; y aun así, con mucho cuidado.

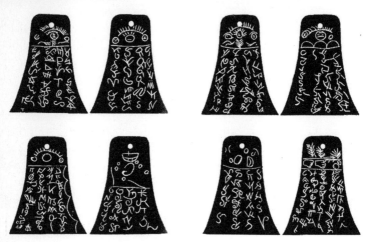

Algunas de las planchas Kinderhook

Originalmente publicadas en *The Nauvoo Neighbor*, en Junio de 1843.

¿Deberíamos leer el Libro de Mormón?

Tendríamos que saber que cuando entramos en debate con alguno de los Santos de los Últimos Días acerca del Libro de Mormón, nuestro amigo intentará convertirnos. La inmensa mayoría de los convertidos al mormonismo provienen de otras confesiones de fe, mayormente de la cristiana. El estridente enfoque de la Primera Visión de José Smith, que declaraba que todos los credos cristianos eran una abominación delante de Dios, ha sido suavizado en años recientes. En lugar de eso, nuestros amigos mormones pueden decirnos que en tanto que nuestra fe es buena, podemos alcanzar mucho más si nos unimos a la Iglesia de los Santos de los Últimos Días.

No nos sorprendamos si se nos pide que leamos el Libro de Mormón. Nuestros amigos creen que esa es la manera más eficaz de convertirnos. ¿Qué deberíamos hacer? No veo que leer el Libro de Mormón cause ningún daño si lo evaluamos desde una sólida perspectiva bíblica. Nos llevará tiempo. Encontraremos que algunas partes nos resultarán aburridas o confusas. Pero leer el libro constituye una buena manera de enganchar a nuestros amigos en conversaciones sobre verdades espirituales, con la esperanza de que eso nos abra puertas para poder compartir nuestra fe en Jesús. Si lo leemos, insistamos en que nuestros amigos lo analicen con nosotros y en que respondan las preguntas que nos vayan surgiendo. O tal vez podamos acordar que leeremos el Libro de Mormón si nuestro amigo lee el Nuevo Testamento y habla con nosotros luego de leer algunos capítulos. Podemos comenzar con Romanos o Juan y utilizar una traducción moderna.

Los Santos de los Últimos Días también alientan a los posibles convertidos a orar con respecto al Libro de Mormón. No recomiendo que nosotros vayamos tan lejos. No hace falta pedirle a Dios que nos muestre si es verdadero. En tanto que nosotros oramos para recibir guía en todos los aspectos de nuestra vida, hemos visto que la prueba final de la verdad no tiene que ver con una experiencia espiritual. Los Santos de los Últimos Días no aceptarían una invitación para orar a fin de recibir un testimonio sobre el Corán (el libro sagrado de la fe islámica), debido a que ya se sienten confiados en cuanto a conocer la verdad. De la misma manera, es justo que nosotros declinemos el orar con respecto al Libro de Mormón.

Antes de que mi padre muriera, él me instó a orar una vez más con respecto a la verdad del mormonismo y me imploró que regresara a la Iglesia de los Santos de los Últimos Días. Con todo respeto le dije que no necesitaba orar sobre eso. La verdad ya me había sido probada y confirmada de varias maneras durante los treinta y tantos años en que había seguido a Jesús luego de salir del mormonismo. Sé que mi padre solo deseaba lo que él pensaba que era mejor para mí. Pero aceptar su invitación para orar acerca del mormonismo hubiese sido negar todo lo que Dios había hecho en mi vida y todo lo que yo ya había reafirmado como verdad.

Algunas palabras de conclusión para el lector

Las afirmaciones que los Santos de los Últimos Días hacen con respecto al Libro de Mormón son serias y de largo alcance. Creo que el peso de tener que probarlas descansa sobre aquellos que hacen tales declaraciones y no sobre los que las cuestionan. Como lo hemos visto, tenemos buenas razones para cuestionar. Muchas de las evidencias les resultan persuasivas solo a los que ya están comprometidos con José Smith como profeta. Pero aun cuando no aceptemos el Libro de Mormón como un escrito antiguo, aun reconocemos lo profundamente importante que les resulta ese libro a los Santos de los Últimos Días.

Al pasarles a ustedes lo que sé con respecto al Libro de Mormón, mi esperanza es que estén preparados para hablarles a sus vecinos y amigos mormones cuando surja la oportunidad. Oro que el Espíritu Santo los capacite para expresar la verdad con amabilidad y respeto. He visto a muchos Santos de los Últimos Días llegar a descubrir, a través del apoyo y aliento de sus amigos cristianos, la fe en Jesucristo que cambia la vida. Eso es lo que sucedió en mi propia vida. Por supuesto, solo Dios puede cambiar el corazón de alguien. Pero él usa a las personas para alcanzar a otras personas. Así que mi oración es que Dios los use a ustedes para ayudar a otros a descubrir la verdad cuando conversen con ellos amablemente sobre las perspectivas que ustedes han descubierto.

PREGUNTAS PARA CONVERSAR

CAPÍTULO 1

1. ¿Ha recibido algún tipo de información sobre el mormonismo a través de las noticias o de los medios de comunicación recientemente? ¿Cuál es su impresión acerca de la Iglesia de los Santos de los Últimos Días basado en lo que ha visto?

2. ¿Ha tenido ocasión de conocer a algún Santo de los Últimos Días personalmente? ¿Qué rasgos o cualidades le vienen a la mente al pensar en esos individuos?

3. ¿Qué sabía acerca del Libro de Mormón antes de leer este capítulo? ¿Qué sabía sobre José Smith? ¿Ha cambiado su percepción acerca de todo eso? Si es así, ¿de qué manera?

4. ¿Cómo reacciona usted ante la afirmación de los Santos de los Últimos días acerca de que el cristianismo original ha caído en la apostasía y que las verdades fundamentales se han perdido? ¿Qué evidencias encontramos en la historia y en el cristianismo contemporáneo que apoyen ese punto de vista? ¿Qué evidencias tomadas de la Biblia y de la historia lo refutan?

5. En este capítulo se citan las siguientes palabras de Gordon B. Hinckley, ex presidente de la Iglesia de los Santos de los Últimos Días: «No entiendo por qué el mundo cristiano no acepta este libro». ¿Cuáles son algunas de las razones por las que el mundo cristiano no acoge al Libro de Mormón?

CAPÍTULO 2

1. Reconstruya el argumento básico del Libro de Mormón señalando sus principales tendencias. ¿Cómo comienza la historia? ¿De qué manera concluye? ¿Cuáles son los principales acontecimientos en medio?

2. ¿Qué cosas lo intrigan con respecto al relato que aparece en el Libro de ormón? ¿Por qué? ¿Qué cosas encuentra difíciles de creer? ¿Por qué?

3. ¿Cuáles son las principales características del pueblo nefita? ¿Y del pueblo lamanita? ¿Y qué de los jareditas? ¿Qué piensa acerca de que los lamanitas justos se volvieron iguales a los nefitas?

4. ¿Qué elementos de la historia que aparece en el Libro de Mormón muestran una semejanza con la Biblia? ¿Qué elementos difieren de los de la Biblia?

5. La historia de la aparición de Jesús en las Américas constituye el eje central del Libro de Mormón. ¿Le parece verosímil esta posibilidad? ¿Por qué?

CAPÍTULO 3

1. El autor señala: «Los cristianos tradicionales no tienen problemas, en principio, con la aparición de un ángel o de un profeta con revelación acerca de escrituras divinas» ¿Está de acuerdo con esa declaración? ¿Por qué?

2. Si alguien hoy afirmara recibir revelaciones divinas, ¿de qué manera deberíamos probar esa declaración?

3. Repase la sección del capítulo que describe la búsqueda espiritual de la familia de Smith. ¿De qué manera difiere el recorrido espiritual de ellos del de usted? En su opinión, ¿en qué punto empezaron a equivocar el objetivo?

4. Los Santos de los Últimos Días presentan evidencias que siguen diversas líneas para apoyar la idea de que José Smith no escribió el Libro de Mormón sino que lo recibió de Dios. ¿Cuáles son? ¿Cuáles de esos puntos encuentra más fuerte o más difícil de refutar?

5. ¿Cuáles considera los puntos de evidencia más fuertes en contra de las afirmaciones de los Santos de los Últimos Días sobre el Libro de Mormón?

CAPÍTULO 4

1. ¿Cuál fue su reacción cuando se enteró de que el Libro de Mormón está lleno de referencias a Jesús? En su opinión, ¿hasta qué punto es bíblica la descripción que de Jesús hace el Libro de Mormón?

2. Según el autor, «la Biblia enseña que solo hay un Dios, que existe eternamente en las tres personas: Padre, Hijo y Espíritu Santo». ¿Qué referencias bíblicas cree usted que apoyan la enseñanza de que hay un solo Dios? ¿De qué modo respaldaría usted la deidad de Jesús y del Espíritu Santo?

3. El autor señala que «la Biblia enseña que los seres humanos fueron creados buenos, pero que ellos desobedecieron a Dios y por lo tanto cayeron en una condición moral de oscuridad, signada por el pecado». ¿A qué escrituras de la Biblia recurriría usted para dar sustento a esta idea?

4. ¿De qué manera concuerda o difiere la perspectiva de la salvación que tiene el Libro de Mormón con las enseñanzas bíblicas? ¿Por qué le parece que mucha gente encuentra difícil de aceptar la idea de que la salvación viene exclusivamente como un don de la gracia?

5. El autor asevera que resulta infructuoso argumentar «sobre quién es y quién no es cristiano». ¿Por qué hace él esa afirmación? ¿Está usted de acuerdo o en desacuerdo? ¿Por qué? ¿De qué manera ese enfoque se podría llevar a un extremo?

CAPÍTULO 5

1. De qué manera evalúa la idea que tienen los Santos de los Últimos Días acerca de que muchos libros antiguos que contienen escrituras un día estarán a nuestra disposición? Si se desenterrara un libro del que se afirma que pertenece a las escrituras, ¿de qué manera deberíamos ponerlo a prueba?

2. El autor señala: «A través de la historia, los cristianos han considerado solo a la Biblia como la palabra final y autoritativa de Dios para la humanidad». Si esto es así, ¿qué lugar merece ocupar la Biblia en nuestras vidas? ¿En qué sentido considera usted a la Biblia como autoritativa sobre su vida?

3. ¿Qué peligros presenta el colocar las palabras de un profeta actual por encima de la autoridad de las Escrituras?

4. El autor habla acerca de «líderes religiosos que han intentado socavar la autoridad de la Biblia, que es única», para poder introducir sus propias afirmaciones en cuanto a verdades espirituales. Dar algunos ejemplos históricos y otros contemporáneos.

5. ¿Qué doctrinas propias de la Iglesia de los Santos de los Últimos Días derivan de los libros de Moisés y Abraham, y de Doctrina y Pactos? ¿Puede usted dar una respuesta bíblica a esas doctrinas propias de los mormones?

CAPÍTULO 6

1. Analizar el status que tiene la Biblia dentro del pensamiento de los Santos de los Últimos Días. ¿En qué sentido tiene el mormonismo una perspectiva baja de la Biblia?

2. En qué sentido los Santos de los Últimos Días tienen una perspectiva alta de la Biblia? ¿Cree usted que el Libro de Mormón corrobora el mensaje de la Biblia? ¿Por qué?

3. ¿De qué manera podría responder a la afirmación de los Santos de los Últimos Días acerca de que la Biblia ha sido corrompida? ¿Qué evidencia podemos presentar con respecto a que la Biblia es confiable en realidad?

4. Considere aquellos pasajes bíblicos que los Santos de los Últimos Días creen que se refieren al Libro de Mormón. Vuelva a leerlos, intentando ponerse en los zapatos de alguien que es mormón. ¿Puede descubrir razones por las que esa persona podría llegar a pensar que esos pasajes hablan acerca del Libro de Mormón? Analice las razones.

5. Resuma y analice las evidencias que sugieren que el Libro de Mormón ha tomado abundante material de la Biblia. Si ese es el caso, ¿por qué constituiría un problema?

CAPÍTULO 7

1. ¿Qué argumentos en contra de un origen antiguo del Libro de Mormón encuentra usted más convincentes? ¿Por qué? ¿De qué manera podría responder un Santo de los Últimos días a esos argumentos?

2. ¿Qué argumentos piensa usted que los mormones consideren como más fuertes para sustentar un origen antiguo del Libro de Mormón? ¿Por qué?

3. ¿Puede explicar lo que es el quiasmo? ¿Por qué los Santos de los Últimos Días creen que el quiasmo prueba un origen antiguo para el Libro de Mormón? ¿Qué piensa usted de eso?

4. ¿De qué manera se podrían comparar las evidencias que hay sobre el Libro de Mormón con las que hay sobre la Biblia? Dar algunos ejemplos.

5. Algunos Santos de los Últimos Días creen que el Libro de Mormón más que una obra antigua es un producto del siglo diecinueve, pero que aun así sigue siendo una escritura divinamente inspirada. ¿Qué es lo que atrae de esta postura? ¿Cuáles son sus debilidades?

CAPÍTULO 8

1. ¿En qué forma el rol del Libro de Mormón en la vida de los Santos de los Últimos Días se asemeja al rol que la Biblia juega en la vida de un cristiano?

2. El autor describe la forma en que los personajes del Libro de Mormón proporcionan «un ejemplo de los principios

fundacionales para cada nueva generación». ¿Qué personajes bíblicos reafirman nuestros valores como cristianos?

3. Explique de qué manera los Santos de los Últimos Días «reciben un testimonio» acerca de la verdad del mormonismo. ¿Tienen los cristianos tradicionales una experiencia similar?

4. ¿Cuál es el papel de la experiencia personal dentro de la vida cristiana? Dé algunos ejemplos bíblicos. ¿De qué manera difiere o se asemeja al rol de la experiencia dentro del mormonismo?

5. ¿Cuáles serían algunas de las razones por las que la experiencia personal resulta inadecuada como prueba última de la verdad?

CAPÍTULO 9

1. ¿Alguna vez ha tenido oportunidad de conversar sobre cuestiones de fe con un mormón? ¿Qué sucedió en esas conversaciones? ¿Qué aprendió de ellos?

2. ¿De qué manera la historia que tienen los Santos de los Últimos Días en cuanto a sufrir persecuciones y críticas afecta la manera en que interactúan con otros en lo tocante a sus creencias? ¿Recuerda algún momento en que sus creencias cristianas hayan sido cuestionadas? ¿De qué manera respondió desde lo emocional ante ese incidente?

3. ¿Existe una buena razón para leer el Libro de Mormón? Si es así, ¿cuál podría ser? Si alguna vez leyera el Libro de Mormón, ¿qué precauciones debería tomar?

4. ¿Cómo lo hace sentir el saber que su amigo perteneciente a los Santos de los Últimos Días quisiera verlo a usted abandonar su iglesia para unirse al mormonismo? ¿Cree usted que los mormones deberían convertirse a un tipo de fe más bíblica? ¿Por qué?

5. El autor señala que él no sería muy rápido en cuanto a sacar a relucir las cuestiones problemáticas relacionadas con José Smith al hablar con un amigo de los Santos de los Últimos Días. ¿Por qué lo señala así? ¿Está usted de acuerdo o en desacuerdo? ¿Por qué?

NOTAS

CAPÍTULO 1: LA BIBLIA DE ORO

1. Sobre la distribución del Libro de Mormón, ver «Taking the Scriptures to the World», *Ensign*, julio de 2001, p. 24; y *Deseret News 2001-2002 Church Almanac*, Deseret News, Salt Lake City, 2000, p. 568.

2. «Book of Mormon», *The Commandments: Study the Scriptures, The Church of Jesus Christ of Latter-day Saints: Truth Restored*: www.mormon.org (accedido el 25 de agosto de 2007).

13. *Libro de Mormón*, publicación de La Iglesia de los Santos de los Últimos Días, Salt Lake City, Utah, E. U. A., 1960, «Introducción».

4. Ibid.

5. *Libro de Mormón*, Mormón 9:32.

6. *Libro de Mormón*, «Introducción».

7. José Smith, *History of the Church of Jesus Christ of Latter-day Saint*, 7 volúmenes, segunda edición revisada, Deseret Books, Salt Lake City, 1966, 4:461.

8. *The Pearl of Great Price* [La perla de gran precio], The Church of Jesus Christ of Latter-day Saints, Salt Lake City, 1982, p. 52.

9. Mark Twain, *Roughing It*, Signet Classic, Nueva York, 1962, p. 102.

10. Alexander Campbell, «Delusions», *The Restoration Movement Pages*, www.mun.ca/rels/restmov/people/acampbell.html (accedido el 25 de agosto de 2007).

11. Susan Easton Black, *Stories from the Early Saints: Converted by the Book of Mormon*, Bookcraft, Salt Lake City, 1992, p. 64.

12. David E. Sorensen, «Where Is Your Book of Mormon?» *New Era*, febrero de 2007, p. 47.

13. Gordon B. Hinckley, «The Marvelous Foundation of Our Faith», *Ensign*, noviembre de 2002, p. 81.

CAPÍTULO 3: LOS MISTERIOSOS ORÍGENES
DEL LIBRO DE MORMÓN

1. En cuanto a la información biográfica básica, mayormente he confiado en el libro de Richard L. Bushman, *Joseph Smith, Rough Stone Rolling*, Vintage, Nueva York, 2005.

2. Sobre el papel de la magia popular y de las prácticas ocultas dentro de la familia de Smith y su entorno cultural, ver el libro de D. Michael Quinn, *Early Mormonism and the Magic World View*, edición revisada y ampliada, Signature, Salt Lake City, 1998, pp. 30-65.

3. La historia se narra en «Joseph Smith— History 1:7–20» incluida en *The Pearl of Great Price*, pp. 48-50.

4. Sobre los diferentes registros de la Primera Visión, ver el libro de LaMar Peterson *The Creation of the Book of Mormon: A Historial Inquiry*, Freethinker Press, Salt Lake City, 1998, pp. 1-10.

5. Bushman, *Joseph Smith*, pp. 39-40.

6. La historia de las apariciones de Moroni a Smith y la recepción de las planchas de oro se pueden encontrar en «Joseph Smith— History 1:27–59» en *The Pearl of Great Price*, pp. 51-56.

7. Sobre el proceso de traducción, ver el ensayo de James E. Lancaster «The Translation of the Book of Mormon», *The Word of God: Essays on Mormon Scripture*, editado por Dan Vogel, Signature, Salt Lake City, 1990, pp. 97-112.

8. Se puede encontrar una evaluación de los Santos de los Últimos Días sobre las teorías que le atribuyen la autoría a José Smith en el libro de Terryl L. Givens, *By the Hand of Mormon: The American Scripture That Launched a New Wolrd Religion*, Oxford Univ. Press, Nueva York, 2002, pp. 155-184.

9. Se puede encontrar más información acerca de la actividad de Smith como buscador de tesoros en el libro de H. Michael Marquardt, *The Rise of Mormonism: 1816-1844*, Xulon, Longwood, FL, 2005, pp. 53-76.

10. «Joseph Smith— History 1:28», en *The Pearl of Great Price*, p. 51.

11. Bushman, *Joseph Smith*, p. 73.

12. Para tener una visión general de estos registros, ver el escrito de Cameron J. Parker «Cumorah's Cave», *Journal of Book of Mormon Studies* 13, Nos. 1-2, 2004, pp. 50-57.

13. *Libro de Mormón*, «Introducción».

14. Sobre los testigos, ver el ensayo de Dan Vogel «The Validity of the Witnesses' Testimonies», *American Apocrypha: Essays on the Book of Mormon*, editores Dan Vogel y Brent Lee Metcalfe, Signature, Salt Lake City, 2002, pp. 79-121.

15. Se puede ver una respuesta de los Santos de los Últimos Días a las críticas sobre los testigos del Libro de Mormón en el libro de Givens, *By the Hand of Mormon*, pp 37-42.

16. Estos paralelos serán bosquejados en el capítulo 7.

17. Sobre la calificación de Smith para la autoría, ver el libro de Fawn M. Brodie *No Man Knows My History*, segunda edición, Vintage, Nueva York, 1995, pp. 35, 67-73.

18. Este testimonio interior y subjetivo del Libro de Mormón se analizará en el capítulo 8.

CAPÍTULO 4: ¿LA PLENITUD DEL EVANGELIO ETERNO?

1. «Joseph Smith— History 1:34» en *The Pearl of Great Price*, 52.

2. 2 Nefi 2:14; 11:5; Jacob 4:5; 3 Nefi 19:7.

3. 2 Nefi 26:13; 31:12; Jacob 7:12; Moroni 6:9.

4. Dallin H. Oaks, «Apostasy and Restoration», *Ensign*, mayo de 1995, p. 84.

5. *Book of Mormon Student Manual: Religion 121 and 122*, Church Educational System; Church of Jesus Christ of Latter-day Saints, Salt Lake City, 1996, p. 63.

6. José Smith Jr., artículo «The King Follett Sermon», *Ensign*, abril de 1971, pp. 13-17. Smith dijo, hablando de Dios el Padre: «Alguna vez fue un hombre como nosotros, sí, el mismo Dios, el Padre de todos nosotros, vivió sobre una tierra».

7. Ida Smith, artículo «The Lord as a Role Model for Men and Women», *Ensign*, agosto de 1980, p. 66.

8. Gayle Oblad Brown, «Premortal Life», en *Encyclopedia of Mormonism*, editor Daniel H. Ludlow, Macmillan, Nueva York, 1992, p. 1123.

9. Ver «Exaltation», capítulo 47 de *Gospel Principles*, Church of Jesus Christ of Latter-day Saints, Salt Lake City, 1997, pp. 301-302.

10. *The Doctrine and Covenants* [Doctrinas y Pactos], Church of Jesus Christ of Latter-day Saints, Salt Lake City, 1982, sec. 76:49–93, en especial vv. 71–81. Corrientemente se abrevia el nombre de esta escritura de los Santos de los Últimos Días como D&C.

11. En el sermón King Follett, Smith dijo: «Deben aprender a ser dioses ustedes mismos, y ser reyes y sacerdotes para Dios, tal como lo han hecho los dioses que fueron antes que ustedes», *Ensign*, abril 1971, p. 16.

12. D&C 132:19–21.

13. D&C 138:32–34, 58–59.

14. 1 Nefi 16:24–31; Jacob 2:11; Alma 16:5–6; 40:9; 43:23. Para acceder a un análisis sobre la revelación personal en el Libro de Mormón, ver el libro de Givens *By the Hand of Mormon*, pp. 221-226.

CAPÍTULO 5: NUEVAS ESCRITURAS PARA LOS ÚLTIMOS DÍAS

1. «The Articles of Faith 9» en *The Pearl of Great Price*, p. 60.

2. *Gospel Principles*, 52.

3. W. D. Davies y Truman G. Madsen, «Scripture», en *Encyclopedia of Mormonism*, p. 1278.

4. «Explanatory Introduction», *Doctrine and Covenants*.

5. Para obtener información introductoria sobre D&C y sus contenidos, ver el escrito de Roy W. Doxey y otros, «Doctrine and Covenants» en *Encyclopedia of Mormonism*, pp. 404-424.

6. Para tener un panorama general sobre el Libro Moisés, ver el escrito de Bruce T. Taylor «Book of Moses» en *Encyclopedia of Mormonism*, pp. 216-217; y el libro de Bushman *Joseph Smith*, pp. 132-142.

7. *The Pearl of Great Price*, p. 29.

8. Sobre el origen y contenidos del Libro de Abraham, ver el escrito de H. Donl Peterson, Stephen E. Thompson y Michael D. Rhodes «Book of Abraham» en *Encyclopedia of Mormonism*, pp. 132-138; también el libro de Bushman, *Joseph Smith*, pp. 285-290.

9. Para un tratamiento más extenso de los problemas que surgieron con el redescubrimiento de los rollos del Libro de Abraham, ver el libro de Charles M. Larson, *By His Own Hand upon Papyrus*, edición revisada, Institute or Religious Research, Grand Rapids, MI, 1992.

10. Bushman, *Joseph Smith*, 291-292.

11. Encontrarán una introducción a la Inspired Version of the Bible en el escrito de Robert J. Matthews, «Joseph Smith Translation of the Bible», en *Encyclopedia of Mormonism*, pp. 763-769; y en el libro de Bushman, *Joseph Smith*, pp. 132, 142. Puede verse una crítica a la Inspired Version en el trabajo de Jerald y Sandra Tanner, *Mormonism— Shadow or Reality?*, edición ampliada, Modern Microfilm, Salt Lake City, 1972, pp. 386-397.

CAPÍTULO 6: OTRO TESTAMENTO DE JESUCRISTO

1. Por ejemplo, comparar 1 Nefi 20—21 con Isaías 48—49; 2 Nefi 7—8 con Isaías 50—51; y 2 Nefi 12—24 con Isaías 2—14.

2. Givens, *By the Hand of Mormon*, pp. 186-187.

3. Esta doble relación se analiza en Givens, ibid., pp. 188-194.

4. «Articles of Faith» en *The Pearl of Great Price*, p. 60.

5. Para comprender la forma en que se realiza la transmisión de la Biblia, ver el libro de Bruce M. Metzger, *The Text of the New Testament*, Oxford Univ. Press, Londres, 1964.

6. Los diversos tipos de paralelos se describen en el ensayo de Mark D. Thomas, «Scholarship and the Book of Mormon», en *The Word of God: Essays on Mormon Scripture*, p. 68.

7. Givens, *By the Hand of Mormon*, p. 49.

8. «A Brief Explanation about the Book of Mormon» en *Book of Mormon*.

9. Para acceder a detalles con respecto a cuestiones referidas al uso de Isaías en el Libro de Mormón, ver el ensayo de David P. Wright, «Isaiah in the Book of Mormon: Or Joseph Smith in Isaiah», en *American Apocrypha: Essays on the Book of Mormon*, pp. 169-182.l

CAPÍTULO 7: EN BUSCA DE UNA CIVILIZACIÓN PERDIDA

1. El intento más ampliamente aceptado en cuanto a correlacionar el Libro de Mormón con la geografía y cultura mezo americana es el libro de John L. Sorenson, *An Ancient American Setting for the Book of Mormon*, Deseret Book and FARMS, Salt Lake City, 1985.

2. David J. Johnson, «Archeology», *Encyclopedia of Mormonism*, pp. 62-63.

3. Sobre la utilización de metales en Mezo América, ver el ensayo de Deanne G. Matheny, «Does the Shoe Fit? A critique of the Limited Tehauntepec Geography», *American Apocrypha: Essays on the Book of Mormon*, pp. 283-297.

4. Sobre cultivos y animales, ver ibid., pp. 302-310.

5. Sobre la confirmación arqueológica de la Biblia, ver el libro de Josehp P. Free, *Archaelogy and Bible History*, revisado y ampliado por Howard F. Vos, Zondervan, Grand Rapids, 1992.

6. Acerca de cuestiones del ADN, ver el escrito de D. Jeffrey Meldrum y Trent D. Stephens, «Who Are the Children of Lehi?», *Journal of Book of Mormon Studies* 12, nº 1, 2003, pp. 38-51.

7. Carrie A. Moore, «Debate Renewed with Change of Book of Mormon Introduction», *The Deseret Morning News*, 8 de noviembre de 2007.

8. D. Brent Anderson y Diane E. Wirth presentan una afirmación acerca de los paralelos con el Cercano Oriente en el escrito, «Book of Mormon Authorship», *Encyclopedia of Mormonism*, pp. 166-167.

9. Hugh W. Nibley, «Book of Mormon Near Eastern Background», *Encyclopedia of Mormonism*, pp. 187.

10. John W. Welch presenta el caso con respecto al quiasmo en «Chiasmus in the Book of Mormon», *Book of Mormon Authorship: New Light on Ancient Origins*, editor Noel B. Reynolds, Religious Study Center, Brigham Young University, Provo, UT, 1982, pp. 33-52.

11. Givens, *By the Hand of Mormon*, pp. 140-141.

12. Thomas J. Finley evalúa la reivindicación de antiguos nombres del Cercano Oriente que aparecen en el Libro de Mormón en el escrito, «Does the Book of Mormon Reflect an Ancient Near Eastern Background?», *The New Mormon Challenge*, editores, Francis J. Beckwith, Carl Moser y Paul Owen, Zondervan, Grand Rapids, 2002, pp. 353-359. Finley también responde a otras afirmaciones de los Santos de los Últimos Días en cuanto a hebraísmos en el Libro de Mormón.

13. Edward H. Ashment, «"A Record in the Language of My Father": Evidence of Ancient Egyptian and Hebrew in the Book of Mormon», *New Approaches to the Book of Mormon*, editor Brent Lee Metcalfe, Signature, Salt Lake City, 1993, pp. 375-380.

14. Givens, *By the Hand of Mormon*, pp. 123-124.

15. Se pueden encontrar pautas para sopesar la validez de los pretendidos paralelos en el trabajo de Finley, «Does the Book of Mormon Reflect an Ancient Near Eastern Backgound?». pp. 338-339.

16. Hugh W. Nibley, «Book of Mormon Near Eastern Background», p. 188.

17. Alexander Campbell, «Delusions», *The Restoration Movement Pages:* http://www.mun.ca/rels/restmov/people/acampbell.html, 4 de enero de 2008.

18. Sobre diversos paralelos entre el Libro de Mormón y la vida norteamericana del siglo diecinueve, ver los ensayos de Mark D. Thomas, «Scholarship and the Book of Mormon» y de Susan Curtis, «Early Nineteenth-Century America and the Book of Mormon», en *The Word of God: Essays on Mormon Scripture*, Signature, Salt Lake City, 1990, pp. 63-79, 81-96. Sobre paralelos en cuanto a conversión y predicación en los avivamientos, ver el libro de Grant Palmer, *An Insider's view of Mormon Origins*, Signature, Salt Lake City, 2002, pp. 95-133. Sobre trasfondo de

la francmasonería, consultar el ensayo de Dan Vogel, «Echoes of Anti-Masonry: A Rejoinder to Critics of the Anti-Masonic Thesis», *American Apocrypha: Essays on the Book of Mormon*, editores Dan Vogel y Brent Lee Metcalfe, Signature, Salt Lake City, 2002, pp. 275-320.

19. Se puede encontrar una perspectiva reflexiva de los Santos de los Últimos Días sobre los paralelos con el siglo diecinueve en el libro de Givens, *By the Hand of Mormon*, pp. 165-167.

CAPÍTULO 8: LA PIEDRA ANGULAR DE LA FE MORMONA

1. Carma Naylor, *A Mormon's Unexpected Journey*, vol. 1, Winepress, Enumclaw, WA, 2006, pp. 11-12.

2. Smith, *History of the Church of Jesus Christ of Latter-day Saints,* 4:461.

3. Gordon B. Hinckley, «A Testimony Vibrant and True», *Ensign*, agosto de 2005, p. 6.

4. Ezra Taft Benson, «The Book of Mormon— Keystone of Our Religion», *Ensign*, noviembre de 1986, p. 7.

5. Louis Midgley, «To Remember and Keep», *The Disciple as Scholar: Essays on Scripture and the Ancient World*, editores Stephen D. Ricks, Donald W. Parry y Andrew H. Hedges, The Foundation for Ancient Research and Mormon Studies, Provo, UT, 2000, p. 103.

6. Monte S. Nyman y Lisa Bolin Hawkins, «Book of Mormon: Overview», *Encyclopedia of Mormonism*. p. 141. Este artículo proporciona una perspectiva general muy útil sobre las diversas formas en que se utiliza el Libro de Mormón en la vida de los Santos de los Últimos Días.

7. *Book of Mormon*, página del título.

8. Nyman y Hawkins, «Libro de Mormón: Overview», p. 143.

9. Ibid., 142.

10. Para acceder a una consideración de la forma en que el Libro de Mormón funciona como señal de validación de la obra de José Smith, ver el libro de Givens, *By the Hand of Mormon*, pp. 135-138.

11. Naylor, *A Mormon's Unexpected Journey*, pp. 240-241.

CAPÍTULO 9: CON AMABILIDAD Y RESPETO

1. La mayoría de estas perspectivas se analiza en el artículo de Stepen D. Ricks «Book of Mormon Studies» que aparece en *Encyclopedia of Mormonism*, p. 209.

2. Encontrarán un ejemplo de este enfoque en el ensayo de Scott C. Dunn, «Automaticity and the Dictation of the Book of Mormon», *American Apocrypha: Essays on the Book of Mormon*, pp. 17-46.

3. La psicobiografía constituye un intento de comprender a individuos históricamente significativos a través de la aplicación de teorías e investigación psicológica, tal como se hace en el libro de Robert D. Anderson, *Inside the Mind of Joseph Smith: Psychobiography and the Book of Mormon*, Signature, Salt Lake City, 1999.

4. Bushman, *Joseph Smith*, 58-61.

5. Jerald and Sandra Tanner, *The Case against Mormonism*, vol. 3, Modern Microfilm, Salt Lake City, 1971, pp. 129-142.

6. Palmer, *An Insider's View of Mormon Origins*, pp. 30-34.

7. Bushman, *Joseph Smith*, pp. 437-441, 490-495.

ÍNDICE DE LAS ESCRITURAS

ÍNDICE DEL LIBRO DE MORMÓN

Nos agradaría recibir noticias suyas.
Por favor, envíe sus comentarios sobre este libro
a la dirección que aparece a continuación.
Muchas gracias.

vida@zondervan.com
www.editorialvida.com